象棋
从入门到精通

李海忠 —— 编著

化学工业出版社

·北京·

图书在版编目（CIP）数据

象棋从入门到精通/李海忠编著. —北京：化学工业出
版社，2021.4（2024.11重印）
ISBN 978-7-122-38528-4

Ⅰ.①象… Ⅱ.①李… Ⅲ.①中国象棋-基本知识
Ⅳ.①G891.2

中国版本图书馆CIP数据核字（2021）第026645号

责任编辑：杨松淼 装帧设计：李子姮
责任校对：刘 颖

出版发行：化学工业出版社（北京市东城区青年湖南街13号 邮政编码100011）
印 装：北京天宇星印刷厂
710mm×1000mm 1/16 印张15¼ 字数220千字 2024年11月北京第1版第4次印刷

购书咨询：010-64518888 售后服务：010-64518899
网 址：http：//www.cip.com.cn
凡购买本书，如有缺损质量问题，本社销售中心负责调换。

定 价：39.80元 版权所有 违者必究

前　言

　　中国象棋是融科学、文化、艺术、竞技为一体的智力体育项目，它有助于开发智力，培养逻辑思维和想象能力，提高分析能力和记忆力，提升思维的敏捷性和严密性，不仅能丰富人们的文化生活，增进友谊，陶冶情操，还能培养人的顽强勇敢、坚毅沉着等优秀品质。据不完全统计，我国14亿人口中有3亿多人会下中国象棋。早在2001年国家教育部就要求学校开展"象棋、国际象棋、围棋"三项棋类活动，由此棋类活动进入课堂，并成为学校素质教育的重要内容。

　　学习象棋是一个循序渐进的过程，按照顺序一步步学才能学扎实，少走弯路。学习象棋的阶段大致是这样的：先学习并掌握棋子的走法、吃子方法、胜负和的判定、行棋记录、简单规则和基本常识；再学习象棋的基本杀法和较简明浅显的残局例胜例和基本定式，了解胜负和残局的推理分析方法和技巧；然后了解布局种类，有步骤、有选择地学习常见布局基本变化，了解布局基本理论和基本战术以及实用的杀法；最后由中局杀法入手，学习中局的战略战术，进而了解中局的战术原则等基本理论。

　　为了使象棋这一文化体育事业能够向科学化、规范化和国际化方向发展，笔者根据多年从事教学培训的经验，编著了《象棋从入门到精通》一书。

　　本书共分为六个单元，主要介绍了象棋基本知识、基本杀法、实用残局、中局战术、中局攻击路线和常用的流行布局，可以使象棋爱好者掌握从初级到中高级水平所需要掌握的各种知识，是一本较为完备规范的教科书。

如果您在阅读本书的过程中，棋艺水平能有长足的进步，笔者将感到十分的欣慰。书中如有不完善或不妥之处，望棋界朋友不吝指正，以便再版时修订，在此表示衷心的感谢。

编著者

目　录

第五单元　中局攻击线路

第六单元　布局技巧

第一单元

象棋入门知识

本单元重点

认识棋盘和棋子；规范摆棋和收棋；熟练掌握七个兵种的走法和吃子方法，以及它们的子力价值；学会记录棋谱，并初步应用到实战中；了解象棋的基本规则，初学的读者朋友能做到摸子走子、不悔棋。

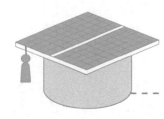

第一节 认识棋盘和棋子

下象棋需要用到棋盘和棋子，行棋走子都是在棋盘上靠移动棋子来完成的。因此，初学者首先要认识并熟悉棋盘和棋子。

一、棋盘

如图1，象棋棋盘呈长方形，由10条横线和9条竖线交叉而成。棋盘上共有90个交叉点，双方棋子就摆放在这些交叉点上，并在交叉点上进行活动。

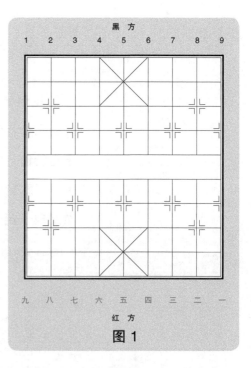

图1

棋盘中央有一条没有画通竖线的长条形地带，叫作"河界"。实际上河界两端是相连的，只是隐形竖线没有标出而已，棋子越过河界时，无论直走、斜走，都按有线行棋对待。河界把棋盘平均分成两块阵地，对局开始前，分别属于红、黑两方，用于摆放各方棋子列阵。

双方阵地后方中央画有交叉斜线的由9个交叉点组成的"米"字形方格，叫作"九宫"，这是双方帅、仕和将、士活动的区域。

如图2，红、黑双方阵地内比较重要的横向线路有底线、次底线、兵林线（红方）、卒林线（黑方）及巡河线。

双方棋盘外9条竖线对应处，各有由中文数字或阿拉伯数字标注的数码标识，红方的竖线从右至左依次用汉字数字一至九表示，黑方的竖线按自己的方向从右至左依次用阿拉伯数字1～9表示。这些数码标识是对局时读法与记法需要用到的。棋盘中的第4、6两条竖线，因在中线帅（将）的左右，形似人体的两肋，所以叫作"肋道"，也称"肋线"，简称"肋"。这两条竖线是双方攻守的要道线。

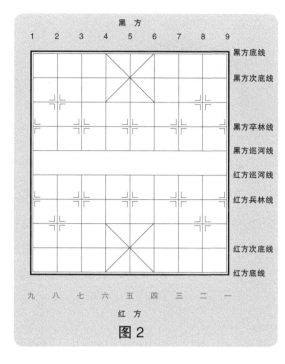

图2

二、棋子及摆法

象棋红、黑双方的棋子总数是32枚，每方各16枚，分为7个兵种，它们的名称和数目如下。

红方棋子：帅1枚，车、马、炮、相、仕各2枚，兵5枚。

黑方棋子：将1枚，车、马、炮、象、士各2枚，卒5枚。

双方兵种相似，数量相等。其中的帅=将，相=象，仕=士，兵=卒，名字有别，但走法和作用实际是一样的。

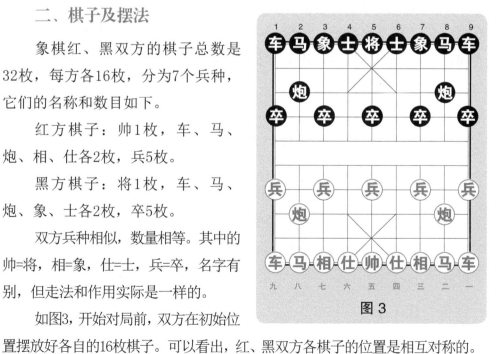

图3

如图3，开始对局前，双方在初始位置摆放好各自的16枚棋子。可以看出，红、黑双方各棋子的位置是相互对称的。

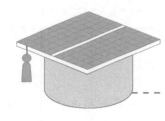

第二节 棋子走法与吃子

双方对弈开始，一方执红棋，称为红方，另一方执黑棋，称为黑方。按照棋规，对局开始时由红方先走第一步棋，黑方后走，之后双方每次轮流走一步。走棋的红方或黑方把自己的棋子从一个交叉点移动到另一个交叉点上，或吃掉这个交叉点上的对方棋子，占领这个位置，就算走了一着棋。双方各走一着，合起来就称为一个回合。如此循环轮流走棋，直到对局结束，分出胜、负、和的结果为止。本节介绍各个兵种棋子的走法及吃子方法。

一、兵（卒）

如图4，兵（卒）的走法有两种规则，在没有过河界前，每着只允许向前移动一个交叉点，不允许横走、斜走及后退。渡过己方巡河线后即为"过河"，除了可以向前直走外，还可以向左或向右平移一个交叉点，但仍不允许斜走及后退。

兵（卒）在向左右及向前一个交叉点的移动中，如果所到之处有对方的棋子存在，就可以吃掉它并占据这个点位。

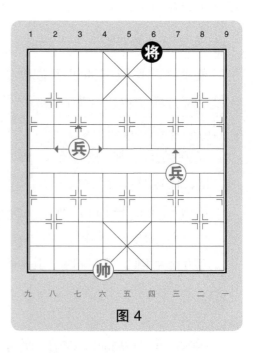

图 4

二、仕（士）

仕（士）只许在九宫内斜线行走，共有5个交叉点可以活动。每一着只许沿斜线走一步，可进可退，不允许直走横走，如图5。

　　仕在它的控制范围内可以吃掉对方进入己方九宫的棋子。

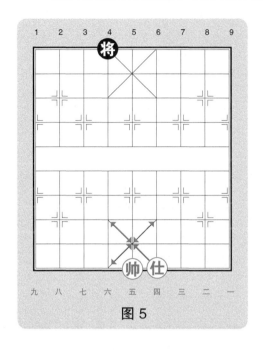

图 5

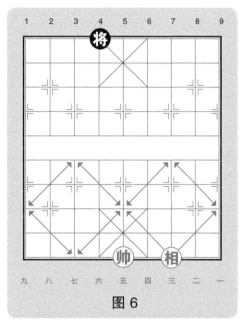

图 6

三、相（象）

　　相（象）不能越过河界，每一着走"田"字的对角斜线，或者说可以斜走两格，可进可退，俗称"象走田"。相（象）在己方河界内共有7个交叉点可以活动，如图6。但当"田"字的中心有别的棋子（不论是己方的棋子还是对方的棋子）时，象都不允许越过去，俗称"塞象眼"。

　　象能走到的位置，如有对方棋子存在，就可以吃掉它。但有己方棋子存在，就不能走到这里。

四、车

　　车在横竖线上只要没有棋子阻挡，就可以随意直进、直退、横走（不允许斜走），不限格数距离。车是棋盘上威力最大的兵种，最多可以控制棋盘上横竖共17个交叉点，如图7。

　　在车的活动范围内，如果有对方的棋子存在，就可以吃掉它并

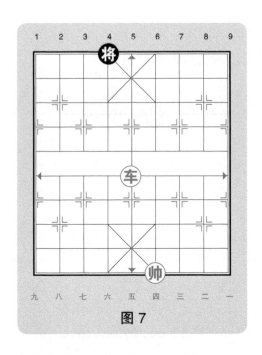

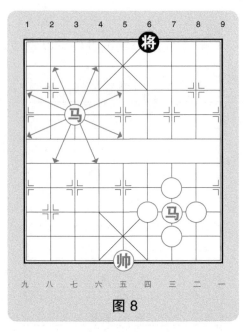

图 7　　　　　　　　　　　图 8

占据这个点位。

五、马

马走"日"字，即从"日"字的一角跳到它的对角，可进可退。马在棋盘开阔位置时，最多有8个活动点可走。但是马有"蹩腿"的限制，如果在它前进或后退方向上，紧贴着马的交叉点有棋子（不论是己方的棋子还是对方的棋子）时，都不允许马跳过去，俗称"蹩马腿"。如图8，上面的红马可以走到8个点的任意一点，而下面的红马周围被蹩腿，一步也不能跳。

在马的"日"字控制范围内，且不蹩马腿的情况下，如果"日"字对角线的交叉点上有对方的棋子，则可以吃掉这个棋子并占据这个点位。如果这个点有己方的棋子，则不能走到这里。

六、炮

炮与其他兵种相比较，有一点特殊之处——吃子方法不一样。炮在不吃子的时候，走法同车一样，但在吃子时必须隔一个棋子跳着吃，即必须中间有己方的或对方的棋子充当炮架，俗称"炮打隔子"。要注意的是，炮只能隔一个棋子吃子，如图9。

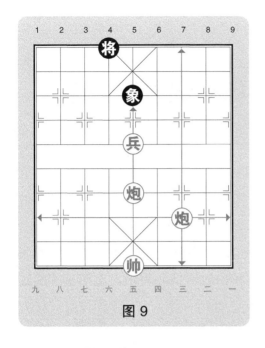

图9

图10

七、帅（将）

帅（将）只许在九宫内9个交叉点之间活动，每一着只许走一个交叉点，直进、直退、横移都可以，就是不允许斜走。另有两条规定必须注意：第一，帅（将）不准送吃，否则直接判负；第二，对局中帅和将不准在同一竖线上直接面对面，如一方已先占据某一条竖线，另一方就不允许到这条线路上来，否则判负。如图10，红帅不能向左走，黑将也不能向自己左边移。

帅（将）在九宫内活动时最多可控制4个交叉点，最少可控制2个交叉点。在它的控制范围内，可以吃掉对方侵犯到己方九宫内的没有其他棋子保护的棋子。

在学习掌握各兵种棋子走法及吃子方法时，需要特别注意的几个知识点是：①车、马、炮、兵（卒）在走动中是可以越过河界的兵种，相（象）不允许越过河界，帅（将）、仕（士）不允许走出九宫；②未过河兵（卒）与过河兵（卒）走法的两种规则情况；③炮走子和吃子的区别；④马的"整马腿"与相（象）的"塞象眼"的走子限制；⑤帅（将）不可送吃，帅、将不允许在竖线上"照面"。除帅（将）外，其他棋子允许听任对方吃子，或主动送吃。

第三节 行棋记录和读谱

读棋或记棋的方法，是由纵横线路在棋盘上的位置所确定的。知道怎样读棋步（即每一着法），便可以看懂棋谱，加快学习进程，还可以做记录，以便保存和研究。

棋盘上有9条纵线，确定线路时，红方从右到左用汉字数字一到九表示，黑方则按自己的方位从右到左用阿拉伯数字1到9表示。这样双方的线路虽然对直，但读（记）法则刚刚相反：红方一路，即是黑方9路；红方四路，即是黑方6路；以此类推。如图11。

线路是固定的，棋子是运动的。记录棋谱时，先写棋子的名称，再写它所在的位置。各记各路，以防止混淆。

如图11，红方读作"车一""兵一"，黑方读作"车9""卒9"。

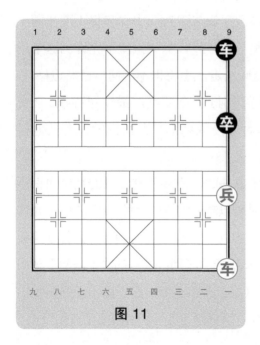

图 11

图 12

棋盘上还有10条横线，红黑双方向对方走子称为"进"。

如图12，红方一路线上的车前进到下一个交叉点就叫车一进一，若直接走到对方底线交叉点，就叫车一进九；七路线上的车前进两个交叉点，叫车七进二，再从前进后的点上（即对方河口）继续前进到黑方底线，叫车七进四。黑方则相对而驰，黑车前进到红方底线叫车1进7。以此类推。

如图13，棋子在走动时，无论吃子与不吃子，读法一样，如本图的红方八路线上的炮进到黑方的2路炮台位置，读作炮八进五。倘若黑方的2路炮台上正好有黑方棋子，中间又正好有一炮架，则可以吃掉黑棋，读法不变。

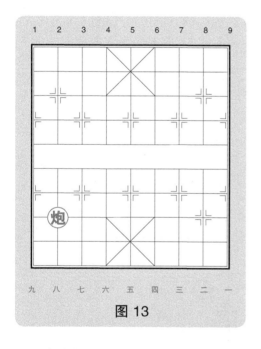

图 13

图 14

如图14，红方二路底线上的马可以进到一路、三路和四路，则分别读作马二进一、马二进三、马二进四。

黑方3路线上的马可以进到1路、2路、4路和5路，分别读作马3进1、马3进2、马3进4、马3进5。

如图15，如果红方的三个子各走一步，分别读作帅四进一（或帅四平五）、兵五进一、相七进五（或相七进九）。黑方的四个子各走一步，分别读作将5进1（或将5平6）、卒7进1、士4进5、象3进1（或象3进5）。

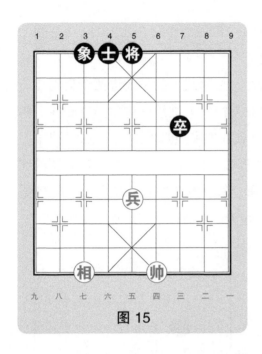

图 15

图 16

棋盘上向己方向走子称为"退"。如图16，红方的六个子各退一步，分别读作帅四退一、马三退二（或马三退四、马三退一、马三退五）、车一退一、炮五退一、仕六退五、相七退九（或相七退五）。黑方四子各退一步，分别读作将5退1、象1退3、车2退1、马9退7（或马9退8）。

左右横走称为"平"。如图17，黑方2路线的炮横走到中线（5路）位置，读作炮2平5。返回去，则读作炮5平2。红帅向四路横走，读作帅五平四，向六路横走，读作帅五平六。红车吃黑方1路卒，读作车二平九。红方区域内的黑卒横走到6路，读作卒7平6。返回去，则读作卒6平7。

图 17

如果同兵种的两个棋子在同一条竖线上，根据棋子位置的前后顺序，则在读法和记录时进行区别。例如，前车进1或后车退2，前马进6或后马进3。

如图18，红方二路有两个车，底线位置的叫后车，河口位置的叫前车，前车前进一步，读作前车进一。而后车前进一步，则读作后车进一。

记录棋谱的四个字，如"炮2平5""马8进7""车1平2""将5进1"等，第一个字表明兵种，第二个字表明所处位置，第三个字表示走子的方向，第四个字表示落子的位置。

图18

明白了棋步的读法和记录方法，便能看懂棋谱，能记下自己的对局。久而久之，熟能生巧，还可以不看棋盘、棋子下棋，即下"闭目棋"或"盲棋"。更重要的是，可以研读古今的棋书棋谱以及大师们的精彩对局，从而做到举一反三、融会贯通，棋艺水平就会有较大幅度的提高。

第四节 象棋基本规则

为了使对弈双方避免因某种特殊情况而引起无谓的争端，历来都定有一些规则供对弈者遵守。现在通行的是由中国象棋协会修订的《象棋竞赛规则（2020版）》。东南亚一带国家和地区也喜爱下中国象棋，久而久之，也形成了大同小异的各种棋规。各种棋规究竟优劣怎样还没有定论，但国际间竞赛必须有一个统一的规则。据知，近年来历次东南亚地区的有关赛事，均采用亚洲象棋联合会制定的规则。

为方便读者朋友们掌握，现介绍对弈时经常要运用的一些规则。

一、胜

（1）帅（将）被对方将死。如图19，红方先走车七进五，即将死黑方；若黑方先走卒6进1，即将死红方。

（2）困毙。如图20，虽然红方并没有"将军"，可是轮到黑方走子时却无法走动任何一个棋子，就叫困毙。如果轮到红方走子，红方可以走帅五进一，再等一步，黑方仍无法走子，即被困毙。

（3）黑方将与红方帅不能在同一条竖线上见面。如图21，红方走车二进四将军，黑方即被将死。黑方不能走士5退6，因黑方走士5退6后，黑将与红帅在同一条竖线上见面，违反棋规。

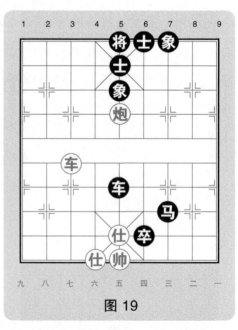

图 19

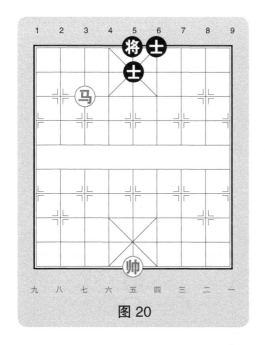

图 20

图 21

二、和

在《象棋竞赛规则（2020版）》中，关于和棋的规定有四条。这里只简介三种情况。

（1）属于理论上公认的双方均无取胜可能的局势。如图22，红方先。

① 车五进三　将 6 进 1
② 车五退三　将 6 退 1

黑方双炮以将为炮架形成担子炮，红方无法将死对方，这是理论公认的和棋形式。

（2）一方走出己方轮走的一着棋之后，提议作和，对方表示同意，即为和棋。先提出者如被对方拒绝，非经对方提和一次，不得再度提出。

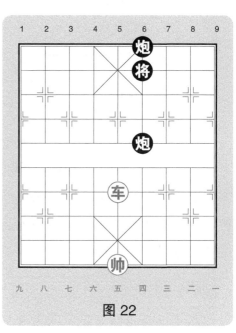

图 22

（3）双方走棋出现循环反复已达三个回合，并且都是规则允许的着法可算和棋。如果是正式比赛，裁判员有权判和。

三、摸子

（1）摸触自己的棋子。摸触自己哪个棋子，就必须走哪个棋子，只有在按行棋规定那个子根本不能走时，才可以走别的棋子。如图23，红方先走，如果摸兵就必须走兵，即使黑方炮打底相成闷宫，也只好认负；如果摸底仕，可是底仕根本不能动，这时可以改走别的棋子。

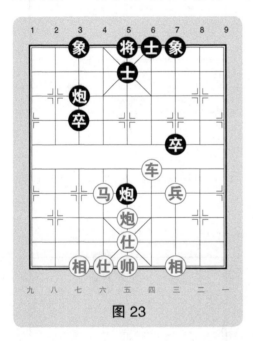

图 23

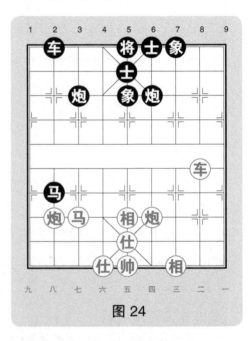

图 24

（2）摸触对方的棋子。摸触对方的哪个棋子，就必须吃掉哪个子，只有当己方的任何棋子都无法去吃时，才可以另走别的棋子。如图24，红方先走，如果红方先摸对方的车，那么就必须吃掉它（用炮吃掉），即使被黑马卧槽将死也不能更改；如果摸对方的马，因为红方无子可吃黑马，这时红方可任意走他着。

四、落子

落子就是走棋方把棋子拿起放到新的位置上，不准再改放到其他位置。如图25，红方先走，红方如果用车吃马（车七进一），就不准再改放到其他位置，即使之后被黑方炮7进7将死，红方也不能反悔。

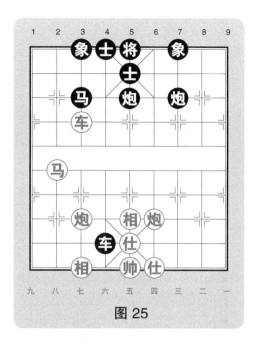

图 25

五、禁止着法

对局中双方出现象棋规则所不允许的着法叫禁止着法。按《象棋竞赛规则（2020版）》规定，凡是单方面走出将、杀、捉等手段循环反复均为禁止着法。

（1）长将。对局中，凡走子连续不停将军而形成循环达三次者称为"长将"，属禁止着法。如图26，红方先。

① 车四平五　　将 5 平 6

② 车五平四　　将 6 平 5

③ 车四平五　　将 5 平 6

④ 车五平四

红方底车在四、五路反复照将属长将，红方在照将时黑炮打车或飞象遮挡的因素均不考虑。也就是说，在任何情况下均不允许单方面长将。

（2）长杀，也称"长要杀"。对局中，凡走子连续不停杀着而形成循环达三次者称为"长杀"，属禁止着法。如图27。

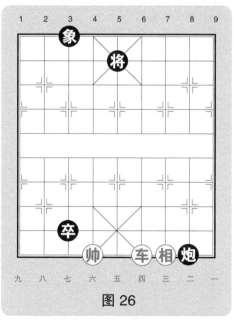

图 26

① 马五进七　　将 5 平 6　　　② 马七退五　　将 6 平 5

③ 马五进七　　将 5 平 6　　　④ 马七退五　　将 6 平 5

⑤ 马五进七

红方循环往复进马、退马威胁黑方将，企图下一步车二进四将死黑方，此种着法称为长杀，属禁止着法。

图27

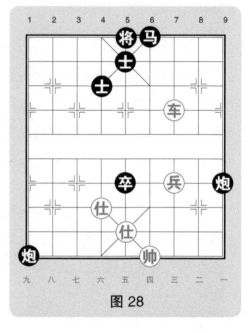

图28

（3）长捉，也称"长打"。对局中，凡走子连续追捉一子或数子而形成循环达三次者称为"长捉"，属禁止着法。如图28，红方先。

① 车三平九　　炮1平2　　② 车九平八　　炮2平1

③ 车八平九　　炮1平2　　④ 车九平八　　炮2平1

⑤ 车八平九

红车反复捉黑炮，属禁止着法。

（4）一将一捉。对局中，一方一步将军，一步捉子（未过河的兵或卒除外）而形成循环达三次者，称为"一将一捉"，属禁止着法。如图29，红方先。

① 车三进五　　将6进1　　② 车三退四　　炮9退2

③ 车三进三　　将6退1　　④ 车三退一　　炮9进2

⑤ 车三进二　　将6进1　　⑥ 车三退四

红车一将一捉黑炮，属禁止着法。

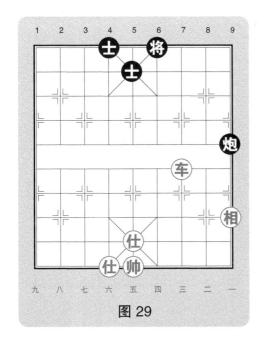

图 29

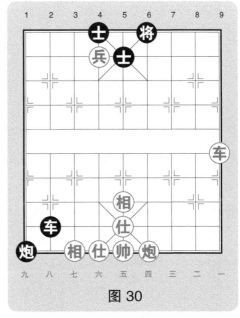

图 30

（5）一将一抽。对局中，一方一步将军，一步利用将军机会要抽吃对方棋子而形成循环达三次者，称为"一将一抽"，属禁止着法。如图30，红方先。

① 车一进五　将 6 进 1　　　② 车一退五　将 6 退 1

③ 车一进五　将 6 进 1

④ 车一退五

红车一步将军，一步利用将军机会要抽吃黑方车或炮，属禁止着法。

（6）一将一杀。对局中，一方一步将军，一步要杀而形成循环达三次者，称为"一将一杀"，属禁止着法。如图31，红方先。

① 炮四平七　将 5 平 6

② 炮七平四　将 6 平 5

③ 炮四平七　将 5 平 6

④ 炮七平四

图 31

红方炮四平七要杀，黑方将5平6后红方炮七平四照将，这样一将一杀属禁止着法。

六、允许着法

对局双方出现规则允许的循环重复着法叫允许着法。《象棋竞赛规则（2020版）》中允许着法包括三种类型：长拦、长跟、长兑、长献、一将一闲等；帅（将）、兵（卒）可以步步捉子；解将还将、解捉还捉。

（1）长拦。对局中，凡走子连续不停拦阻对方棋子达三次者称为"长拦"，属允许着法。如图32，红方先。

① 车五平二　　炮9平8

② 车二平三　　炮8平7

③ 车三平二　　炮7平8

④ 车二平三　　炮8平7

⑤ 车三平二

黑炮步步拦挡红车，属允许着法。

（2）长兑。对局中，凡走子连续不停邀兑达三次者称为"长兑"，属允许着法。如图33，红方先。

① 前车进二　　车1进1

② 前车退一　　车1退1

③ 前车进一　　车1进1

④ 前车退一　　车1退1

⑤ 前车进一

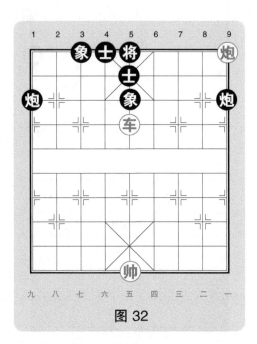

图 32

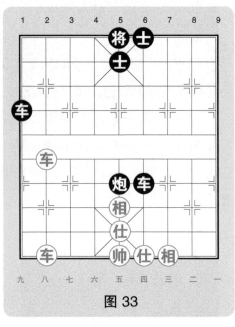

图 33

红车步步邀兑黑方边车，属允许着法。

（3）长跟。对局中，凡走子连续不停跟住对方有根子达三次者称为"长跟"，属允许着法。如图34，红方先。

①炮二平一　　车8平9　　　②炮一平二　　车9平8

③炮二平一　　车8平9　　　④炮一平二　　车9平8

⑤炮二平一

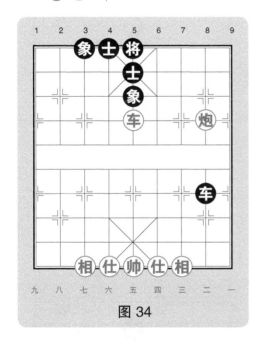

图 34

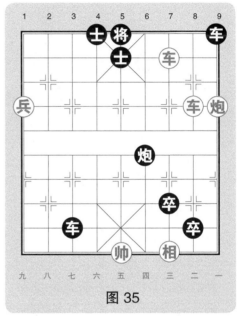

图 35

黑车跟住红炮限制其行动自由，属允许着法。

（4）长献。对局中，凡连续向对方献子送吃达三次者称为"长献"，属允许着法。如图35，红方先。

①车三平一　　车9平7　　　②车一平三　　车7平9

③车三平一　　车9平7

红方长献，黑方不吃车。黑方若吃车，红方也构不成连杀。因此红方的着法属允许着法。

（5）一将一闲。对局中，一方一步将军，一步闲着，称为"一将一闲"，属允许着法。如图36，红方先。

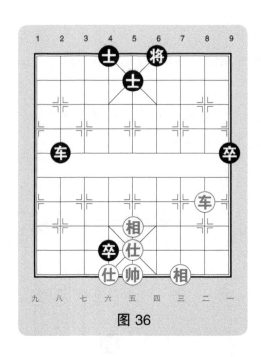

图 36

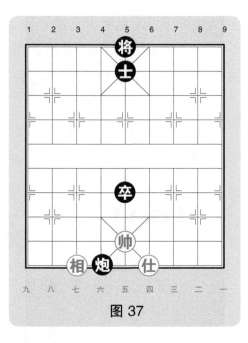

图 37

① 车二进六　　将 6 进 1　　　② 车二退五　　将 6 退 1

③ 车二进五　　将 6 进 1　　　④ 车二退五

红车一将一退守河沿是一将一闲，属允许着法。

（6）将（帅）长捉。对局中，一方的将（帅）步步捉对方的子，称为"将（帅）长捉"，属允许着法。如图37，红方先。

① 帅五平六　　炮 4 平 5

② 帅六平五　　炮 5 平 4

③ 帅五平六　　炮 4 平 5

④ 帅六平五

红帅长捉黑炮，属允许着法。

（7）兵（卒）长捉。对局中，一方的兵（卒）步步捉对方的子，称为"兵（卒）长捉"，属允许着

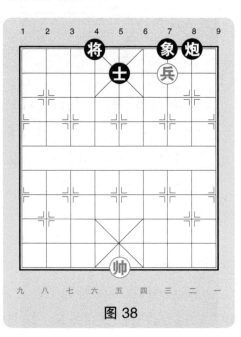

图 38

法。如图38，红方先。

① 兵三平二　炮 8 平 9　　② 兵二平一　炮 9 平 8

③ 兵一平二　炮 8 平 9

红兵长捉黑炮，属允许着法。

（8）解将还将。对局双方循环往复地将军，双方都不愿意变着，属允许着法。如图39，红方先。

① 车七平六　炮 5 平 4　　② 车六平五　炮 4 平 5

③ 车五平六　炮 5 平 4　　④ 车六平五　炮 4 平 5

双方步步将军，又都不愿意变着，可判和棋，属允许着法。

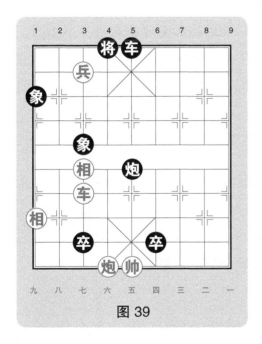

图 39

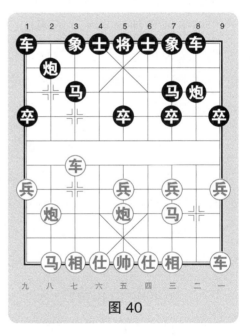

图 40

（9）解捉还捉。对局中，双方棋子互打互捉，双方都不愿意变着，属允许着法。如图40，红方先。

① 炮八平七　炮 2 平 3　　② 车七平二　马 3 进 2

③ 车二平七　马 2 退 3　　④ 车七平二　马 3 进 2

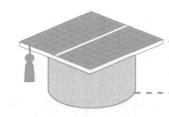

第五节　象棋子力价值分析

对局中，红、黑双方不可避免地要互相吃掉对方的棋子，有的是同兵种的子力交换，有的则是不同兵种的子力交换。那么在这种交换拼耗的过程中，究竟谁在子力上占得了优势呢？这不能仅以吃掉对方棋子的数量来判断，而要根据各兵种棋子的子力价值来计算与衡量。

由于各兵种棋子走法的不同，它们的功能和重要程度也各不相同。因此各兵种棋子的价值就像商品标价一样，也是可以用数值来标注区分的。有了这个数值区分，在子力交换的过程中，就可以知道哪方占了便宜，哪方吃了亏。

一、帅（将）的价值和特性

因为象棋的规则是捉住将帅就意味着胜负已分，棋局结束，所以将帅不存在与其他棋子交换的情况，无需对它的价值做出具体的评估。

将帅在棋局中的特性是：①宜少动，要注意对它安全的保护；②在组织攻杀时（尤其在残局中），可以发挥助攻的作用。

二、车的价值和特性

车，横冲直撞，行动迅猛，所谓"一车十子寒"，说明它是最具威力的兵种。车的价值是最高的，定为9分。在开局阶段，车要尽快出动，发挥它强子（车、马、炮三兵种为强子）的威力。

车在棋局中的特性是：①车路要通畅；②抢占攻守要道，攻击对方弱点和弱子；③车忌晚出，忌停留在较低的线路；④车不要放在危险的地方。

三、炮的价值和特性

炮，行动快捷，能远距离隔子攻击，可谓"炮乃军中之胆"。炮的价值在开局、中局阶段是4.5分，在残局中由于棋子数量减少，炮架资源有限，炮隔子攻击的威力变弱，因此贬值0.5分，降为4分。

炮在棋局中的特性是：①开局不宜轻发，保护自己的弱马，稳固阵形；②与其他子力协同作战，发挥远程牵制、过河封锁、压制等作用；③对方缺象（相），用炮攻击将帅最佳；④残局棋子少时，可以把炮撤回来用仕（士）、相（象）及帅（将）来充当炮架。

四、马的价值和特性

马，踩踏八方，控制面最大，有"八面威风"之说。马的价值在开局、中局是4分，在残局中由于棋子数量的减少，马蹩腿的阻碍亦随之减少，灵活性增加，因此增值0.5分，升为4.5分。

马在棋局中的特性是：①注意马路的通畅以及对无根弱马的保护；②与其他子力协同作战，可以控制河口区域及谋吃兵（卒）；③马忌跳边及孤军深入对方腹地，容易被捉死。

五、兵（卒）的价值和特性

兵（卒），因为行动缓慢，与车、马、炮相比较而言，作战能力较低，所以它的价值是未过河界前1分，过河界后活动范围与威力增加，升值为2分。

兵（卒）在棋局中的特性是：①中兵（卒）为中路屏障，要注意保护；②三、七路兵（3、7路卒）及时挺起和兑掉，发挥牵制对方马及盘活己方马的重要作用；③残棋强子车、马、炮拼耗严重，兵（卒）作为可过河参战的兵种，重要性及价值将增加。

六、仕（士）、相（象）的价值和特性

仕（士）、相（象），属于帅（将）身边的护卫兵种，主要作用在于防御对

方的攻击，有时也有一定的助攻作用。仕（士）、相（象）的价值均为2分。

仕（士）、相（象）在棋局中的特性是：①宜在中路相连，阵形最为巩固；②己方缺仕（士）宜兑车，缺相（象）宜兑炮；③羊角仕（士）可防卧槽马，花仕相（士象）可防沉底车；④仕（士）、相（象）可充当炮架，配合炮实施攻防。

通过上述的讲解，归纳起来，各兵种的价值大体如下：车9分；炮4.5分；马4分；兵（卒）未过河1分，过河后则为2分；仕（士）和相（象）均为2分。有了这样的数据，读者朋友们就可以知道各子力之间的价值换算：车等于两个炮的力量；车大于炮和马；炮在开局时大于马，而在残局里小于马；马或炮等于两个相（象）或两个仕（士）；过河兵相当于一仕（士）或一相（象）。

虽然在对局中有这样的换算公式可以参照，但是要特别说明的是，下棋毕竟不是做算术题，切不可照本宣科、生搬硬套。棋子的价值还要取决于它在棋盘上的位置和所发挥的作用。随着整个棋局的发展，各个子力的价值也在不断地变化。

第六节　学习象棋的方法

初学象棋的爱好者，希望能够有一套简便有效的学棋方法，以迅速提高棋艺水平。这里向大家提供一些较实用的学棋方法，以供参考。

一、先学残局

象棋的一盘棋可分为开局（战斗尚未正式开始，双方调兵遣将布置兵力的阶段）、中局（双方兵力接触，攻守矛盾较集中、突出，变化繁复的阶段）、残局（双方所剩兵力不多，形势比较明朗的阶段）三个阶段。作为一个优秀的象棋运动员，象棋的开、中、残局三个阶段的功底均必须扎实，否则是赛不出好成绩的。但作为一个初学者，不必分散精力同时学习开、中、残局，因为这样常会使我们感到力不从心。

这里建议大家宜先从残局学起。这是因为：①一般常见的残局胜（和）结论在棋谱中容易找到，便于自学；②残局阶段，双方子力虽少，但有时变化多端，巧妙异常，引人入胜，可以增强学棋者的兴趣；③一盘棋的残局阶段，是对弈双方的最后决战阶段，这是检验我们残棋基本功是否扎实的关键时刻。如一方残局功夫欠佳，则往往会将开、中局辛辛苦苦积累起来的优势白白浪费。

二、次学开局

象棋开局，是双方投入战斗前的准备阶段。俗话说："良好的开端是成功的一半。"开局的好坏，对进入中、残局后能否掌握局势的主动权，关系重大。在比赛中，我们有时能见到这样的对局：一方开局走坏，在中局就分出了胜负，没有残局的争斗可言。

象棋开局是一项细致的工程，子力的布置定位比较讲究。读者朋友们通过学习开局的布阵法，可以增强全局的观念。

三、再学中局

中局阶段，棋路广，变化多，往往不易掌握其规律。中局水平的提高，是在开局有一定的基础并且有较高残局水平的情况下才可以做到的，这时不但要有局部的战术配合，还要有较强的战略眼光。通过运子做好进攻或防御的部署，将局面引向有利于己方的方向，同时还要尽力揣摩对方的战术和战略意图，尽力使之无法实施。对高手来讲，一步棋就可以决定整盘棋的走势，我们经常说的"一着不慎，满盘皆输"在这个阶段往往可以得到最好的诠释。所以，中局水平的提高相对比较困难，除了多下棋之外，还要多拆棋，尤其是拆大师、特级大师之间的对局，每一步都要细细琢磨，反复思考高手的意图，如果有高手的棋评、注释当然就更好了。不要贪多，有时用一两天时间完全搞懂一盘棋甚至是一路变化就可以了，不要怕麻烦，应该动手摆一摆。自己下棋后也要复盘，不断总结每盘棋的得失。

以上这些都做到了，相信假以时日，大家的象棋水平就会有较大幅度的提高。

象棋从入门到精通

第二单元

常用基本杀法

本单元重点

在下象棋的过程中，擒住对方的将（帅）是取得胜利的最基本标志。各种能够简捷迅速地杀死对方将（帅）的方法，就是象棋基本杀法。本单元重点介绍白脸将、海底捞月、夹车炮等19种基本杀法。

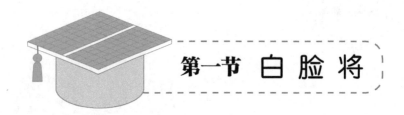

第一节 白脸将

"白脸将"又称"对面笑",指己方的帅(将)占据中路,利用象棋规则中"将和帅不准在同一竖线上直接对面"的规定所形成的杀法。攻杀一方的车或帅(将)必须占中,同时阻止另一方的棋子守住肋道。

局例一

如图41,红方先。

① 车五进二　　士6进5　　　　　② 车一进三　　红胜

局例二

如图42,红方先。

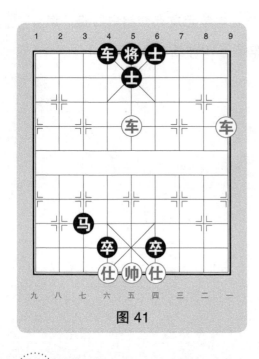

图 41

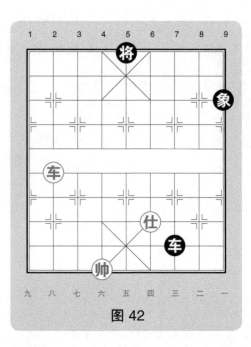

图 42

① 车八平五　　将 5 平 6　　　　　② 帅六平五　　车 7 退 7

③ 车五进五　　将 6 进 1　　　　　④ 车五退一

红方抽吃黑方车后再用白脸将杀法获胜。

局例三

如图43，红方先。

① 车二平六　　士 5 进 4　　　　　② 车六进一

红方弃车，妙着！它可以引黑将上九宫顶，为炮、兵接下来的攻杀创造条件。

②…………　　将 4 进 1　　　　　③ 兵七平六　　将 4 退 1

④ 炮九平六　　车 6 平 4　　　　　⑤ 兵六进一　　将 4 退 1

⑥ 兵六进一　　红胜

兵借炮威，一举获胜。

局例四

如图44，红方先。

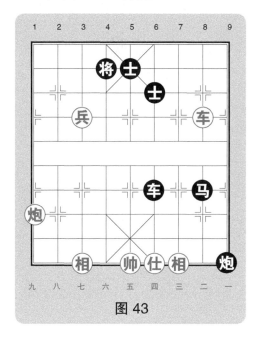

图 43

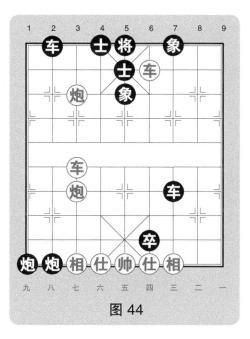

图 44

① 前炮进二　象 5 退 3　　　② 炮七进六　车 2 平 3

③ 车四平五　士 4 进 5　　　④ 车七进五　红胜

这是白脸将杀法的另一种形式。红方弃双炮减少了黑方中路防守层次，再妙手弃车获胜。

局例五

如图45，红方先。

① 仕五进六

红方扬仕蹩马腿解杀还杀，好棋！

①　………………　将 5 平 6

② 兵四进一

巧着！红方借助车的力量挺兵制将，简捷入局。

②　………………　车 4 进 1

③ 帅五进一　士 5 进 6

④ 车二平四　红胜

图 45

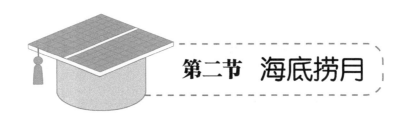

第二节 海底捞月

在无法攻破对方正面防御时，借助帅（将）对中线的控制力，把子力运到对方底线，在其帅（将）背后发起攻势而取胜的杀法，称为"海底捞月"。这种杀法多用于残局阶段，是常用的基本杀法之一。

局例一

如图46，红方先。

① 炮三进一

红方要想取胜，必须将炮移到黑方车、将所在的同一半边，这步棋是最好的运子方法。

① …………　车 4 进 1

② 车五进四　将 4 进 1

③ 炮三平八　车 4 平 2

④ 车五退四　车 2 平 4

⑤ 炮八进四　将 4 退 1

⑥ 车五进四　将 4 进 1

⑦ 炮八平六

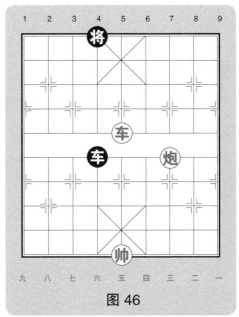

图 46

这是车炮"海底捞月"的基本型，它的精妙之处，就是以黑将作为炮架，从背后驱离黑方车，再退车迎头一击，形成白脸将杀法。

⑦ …………　车 4 平 3　　⑧ 车五退四　将 4 退 1

⑨ 车五平六　红胜

局例二

如图47，红方先。车底兵也可巧胜单车，这是海底捞月杀法的另一种形式，最终是用车在将底将军而取胜。

① 兵六平五　车6进2

② 车五进四　将6进1

③ 兵五平四　车6退2

④ 兵四平三！　车6进2

⑤ 车五进一！　将6退1

⑥ 车五平四　红胜

图 47

局例三

如图48，红方先。此局是根据车炮海底捞月的杀法特点演变的，它是利用黑方车马位置不好、士象自相堵塞的弱点而巧胜。

① 车七退一　将4进1

② 炮三退一　士5退4

黑方如车2退5，则车七退二绝杀，红方胜。

③ 车七退二

正确的走法！红方如误走车七退三吃象，黑方马6进5，红方的攻势被化解。

图 48

③ ………　车2平4

⑤ 车七进一　将4进1

④ 车七进一　将4退1

⑥ 炮三平六

这是由海底捞月杀法延伸而来的妙着。

⑥ ………… 车 4 平 2

黑方如马6进4吃炮，则车七退一闷杀。

⑦ 车七退二　将 4 退 1　　⑧ 车七平六　红胜

局例四

如图49，红方先。这是根据车兵海底捞月的特点演变而来的棋局，因黑方有双士，红方取胜难度大大增加，精妙之处是兵在车的掩护下穿过"海底"，着着控制对方而取胜。

① 兵三平四！车 1 进 2

② 兵四平五　将 4 进 1

③ 车二平五

红方抢占中路，十分重要。

③ ………… 士 5 进 4

黑方如士5进6，则兵五平六，

图 49

妙着！士6退5，兵六平七，士5进4，车五进三，红方胜。

④ 车五平七！车 1 退 1　　⑤ 车七平三　士 4 退 5

⑥ 车三进二！将 4 进 1　　⑦ 兵五平六！车 1 平 3

⑧ 帅五进一

此为等着，迫使黑方车离开后红方再横兵取胜。

⑧ ………… 车 3 平 2　　⑨ 兵六平七　车 2 平 3

⑩ 车三退一　将 4 退 1　　⑪ 车三平五　士 5 进 4

黑方如车3退1吃兵，则车五进一，将4进1，车五退二，红胜。

⑫ 车五进二　士 4 退 5　　⑬ 车五退一　将 4 进 1

⑭ 车五退二　红胜

局例五

如图50，红方先。

① 车二进五　将 6 进 1

② 车二平五　将 6 进 1

③ 车五退一　车 5 进 1

④ 炮五退一　车 5 进 1

⑤ 炮五退一　车 5 平 6

⑥ 炮五平三

形成海底捞月杀势，红方胜。

图 50

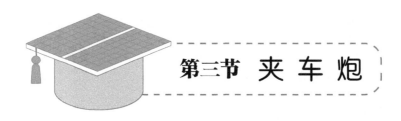

第三节 夹车炮

单车与双炮联合，在对方侧翼底部三条横线上交替向将（帅）进行攻杀，或用车控制将（帅），由双炮将杀，或用双炮控制将（帅），由车击杀。这种车、双炮交替将军，一举将死对方的杀法，称作"夹车炮"。本杀法的要点是：①封锁控制对方二路线；②最好的成杀形式是车、双炮分别控制一条直线。

局例一

如图51。

红方先。

① 车二进五　将6进1

② 车二退一　将6进1

③ 炮一退二　红胜

黑方先。

① …………　车2进5

② 帅六进一　炮3进7

③ 帅六进一　车2退2　黑胜

图 51

局例二

如图52，红方先。红方车炮联攻，顿挫有序，一举获胜。

① 炮二进四　将5进1　　② 车二进四　将5进1

③ 炮一退二　士6退5　　④ 车二退一　士5进6

⑤ 车二退一　将5退1　　⑥ 车二进二　将5退1

⑦ 炮一进二

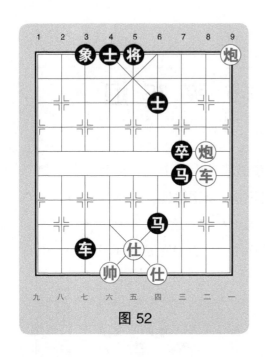

图 52

图 53

局例三

如图53，红方先。红方双炮从两侧合击，最终以夹车炮的杀法取胜。

① 车八进五　将 4 进 1　　② 炮二进六　士 5 进 6

③ 车八退一　将 4 进 1　　④ 炮二平七　象 5 退 3

⑤ 炮七退一　后车进 8　　⑥ 帅四进一　前车平 8

⑦ 炮九退二　红胜

局例四

如图54，红方先。

① 车八进九　士 5 退 4　　　　② 车八退三！　士 4 进 5

黑方如将5进1，则车八进二，红方速胜。

③ 前炮平八

红方借助车的掩护，平移前炮，为后炮的进攻做准备。

③ …………　士 5 进 6

黑方如将5平4，红方取胜着法也同下。

④ 炮九进九　将 5 进 1　　　　　　⑤ 车八进二　红胜

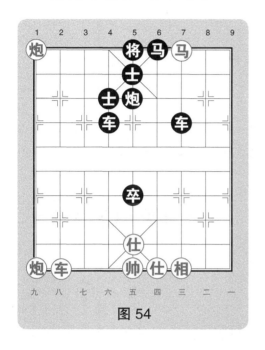

图 54

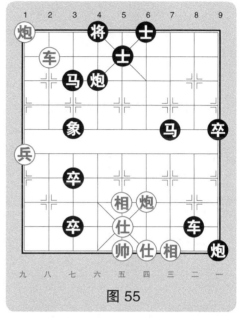

图 55

局 例 五

如图55，红方先。

① 车八进一　将 4 进 1　　　　② 炮四进六　士 5 进 6

③ 车八退一　将 4 退 1　　　　④ 炮四平七

红方快速运转右炮，形成夹车炮的杀法，这种运子手段在实战中很常用。

④ …………　马 7 进 6

黑方也进马催杀，但最终还是慢了一步。

⑤ 炮七进一　马 3 退 2　　　　⑥ 炮七退二　马 2 进 4

⑦ 车八进一　红胜

第四节 天地炮

一炮镇住中路，另一炮沉底，在车和其他子力的配合下将死对方，这种杀法称"天地炮"。天地炮杀法与车配合，主要有二路线车吃中心士和肋道上的车插入底线两种办法。

局例一

如图56，红方先。

① 车八平四　将6平5

② 帅五平四　车7进1

③ 帅四进一　马8进7

④ 炮一进五　炮8退9

⑤ 炮一平三　马7进5

⑥ 车四进四　红胜

本局中红方借帅助力使黑方中路和底线无法兼顾，杀法干净利落。

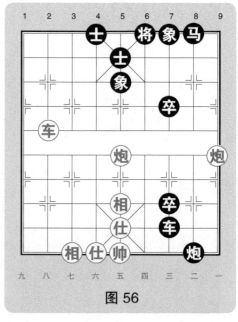

图56

局例二

如图57，红方先。本局是一则实战杀局，红方借天地炮之威，大胆弃车，最后谋得对方双车而取胜。

① 炮二进五　士5退6　　　② 炮九平五　士4进5

③ 车八进二！车6退7　　　④ 车八平五！车6平5

⑤ 车六平四　将5平4　　　⑥ 车四进三　将4进1

⑦ 车四平七　炮9进7　　　⑧ 仕四进五　象7进9

⑨车七退一　将4退1　　　　　⑩车七平五　红方得车胜定

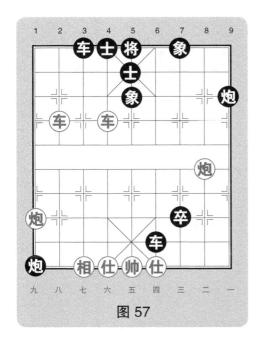

图57

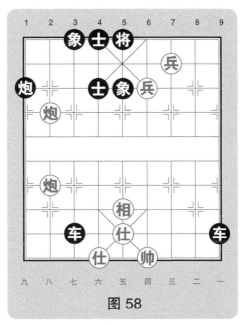

图58

局例三

如图58，红方先。

①前炮平五　士4退5　　　　②兵四进一！炮1进7

③相五退七　车9退8　　　　④炮八进六

红方形成天地炮并有兵四平五的杀着。

④…………　车3退7　　　　⑤兵四平五！车3平5

⑥兵三平四

红方双兵不怕"牺牲"，依仗双炮牵制九宫的威力，吃掉中心士构

成绝杀。

⑥…………　车9进9　　　　⑦帅四进一　炮1退1

⑧仕五进六　车9退1　　　　⑨帅四进一

妙着！红方如帅四退一，则炮1平6解杀，反为黑方胜。

⑨ ············ 炮 1 平 6   ⑩兵四平五   红胜

局 例 四

如图59，红方先。

① 车七平五

黑方虽有车马两子看守中士，但红方仍强行吃掉中士，有胆有识，打破了黑方看似坚固的防线。

① ············ 车 7 平 5

② 车六进三   车 5 退 1

③ 车六平五   将 6 进 1

④ 车五平四   红胜

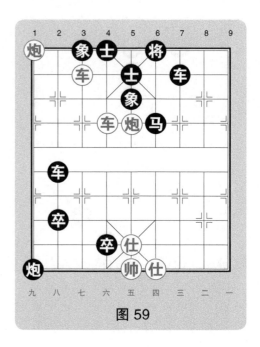

图 59

第五节 大胆穿心

车或兵在其他子力配合下突然进军对方九宫中心形成杀局，这种杀法叫"大胆穿心"。所谓大胆就是车或兵进军九宫中心时不怕牺牲；穿心则形象地说明此种杀法异常凌厉，能给对方以致命的打击。此种杀法主要是车或兵、炮配合，一般炮在中路或底线，车或兵在对方二路线。

局例一

如图60，红方先。

① 车二平五　士4进5

② 车七进五　红胜

此局例中红方车二平五，黑方士4进5露了底线，红方车七进五将军即胜。黑方如改走将5平6，则红方车七平四，仍胜。

局例二

如图61，红方先。

① 车九平五　将5进1

② 车六进四　将5退1

③ 车六进一　将5进1

④ 车六退一　红胜

此例中红方车九平五吃中心士，使黑方将暴露在二路线上。

图 60

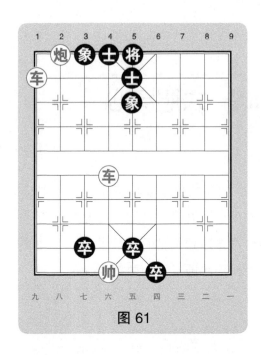

图 61

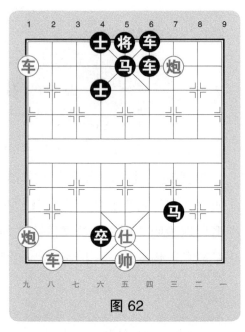

图 62

局例三

如图62，红方先。

① 车九平五

红方为解除被杀状态，强行"穿心"送车，精妙之着！

① ············ 士 4 进 5

黑方如改走士4退5或前车平5，红方均以炮九进八要杀。

② 仕五进四

红方支仕拦车露帅，解杀还杀，又是一步好棋。

② ············	将 5 平 4	③ 车八进九	将 4 进 1
④ 炮九进五	前车平7	⑤ 炮九平六	红胜

局例四

如图63，红方先。

① 炮九进五	士 4 进 5	② 车七进五	士 5 退 4
③ 车七退一	士 4 进 5	④ 车八进三	士 5 退 4

⑤ 车七平五！ 士6进5

⑥ 车八退一 象5退3

⑦ 车八平五！ 将5平6

⑧ 车五进一 将6进1

⑨ 兵四进一 将6进1

⑩ 车五平四 红胜

此例中双方各攻一翼，这种着法在实战中较为常见，可以借鉴。

局例五

如图64，红方先。

① 车八平五！ 将5平4

黑方如改走士6进5，则车三进二，士5退6，车三平四，马8退6，炮三进五，红方速胜。

② 车三平六

好棋！能使炮投入战斗。

② ………… 车4退6

③ 车五进一

红方弃车迫使黑方将回到原位，巧妙构成炮兵杀局。

③ ………… 将4平5

④ 炮三进五 士6进5

⑤ 兵四进一 红胜

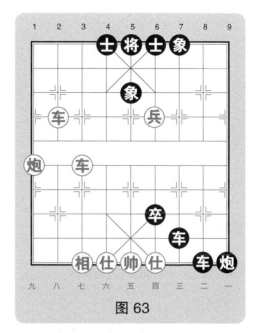

图63

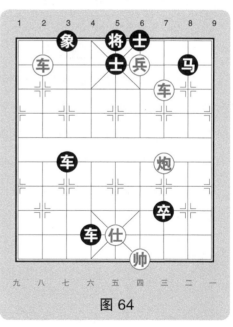

图64

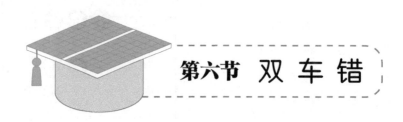

第六节 双车错

双车交替将军将死对方，这种杀法称"双车错"。双车错分四种情况：①双车在侧翼交替将军成杀；②双车在中路交替将军成杀；③车占九宫中心用另一车将死对方；④车占对方二路线肋道形成杀局。

局例一

如图65，红方先。

① 车二进九　将6进1

② 车二退一　将6退1

③ 车三进二　红胜

双车在侧翼成杀必须有一车控制二路线，使另一车在底线或三路线将死对方。本局中红方第二回合不宜走车三进一，否则黑将上三路线，因黑方有中炮，红方就实现不了双车错。

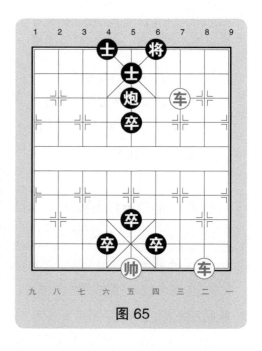

图65

局例二

我们再来看双车在中路成杀的例子，如图66，红方先。

① 炮九进七　士4退5

② 车七退二　士5进4

③ 车七退一　士4退5

④ 车八退一　士5进4

⑤ 车八退三　士4退5

⑥ 车七平五　将5平6

⑦ 车八平四　红胜

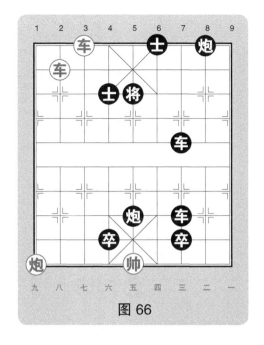

图 66

图 67

局 例 三

如图67，红方先。

① 车八平四

正确着法！红方如误走车二进二先将军，则将6进1，车八平四，士5进6，车四进一，将6平5，红方无法连杀反而要输棋。

① ………… 将 6 平 5   ② 车二进二 象 5 退 7

黑方送象可以多抵抗几步，如改走士5退6，车二平四，将5进1，后车进二，红方速胜。

③ 车二平三 士 5 退 6   ④ 车四进三 将 5 进 1

⑤ 车四平五 将 5 平 6   ⑥ 车三平四 红胜

局 例 四

如图68，红方先。

① 车一平五

车平中路要杀，正确着法！红方如随手进车将军，攻势顿时消失。

① ………… 将5平4	② 车七进九 将4进1
③ 车五平八 炮8退6	④ 车七退二

好棋！不让黑方将上移，否则红方难以取胜。这是简单的控制技巧，读者朋友们应多加注意。

④ ………… 炮8平5	⑤ 车八进四 将4退1
⑥ 车七进二 红胜	

图68

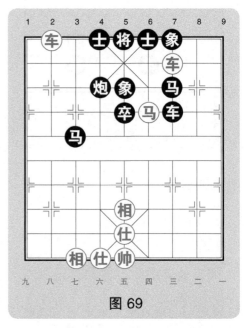

图69

局例五

如图69，红方先。双车攻对方士象全，在防守方有大子协防的情况下，一般是难以奏效的，但是如与其他子力协同作战，弃子换士，双车则大有作为。

① 车三平六 士6进5	② 马四进五！将5平6
③ 马五退三 车7退1	④ 车六进一 将6进1
⑤ 车六退一 将6进1	⑥ 车八平四 红胜

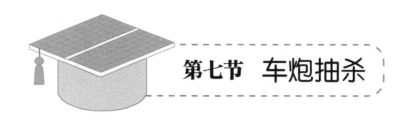

第七节 车炮抽杀

车炮在中路或底线形成抽将得子，这在实战中是经常遇到的，而在一些特定的形势下，运用这种技巧可以直接取得胜利。注意，要将车放到最佳位置。

局例一

如图70，红方先。

① 车六平五　士6进5

黑方只能如此，如改走士4进5，红方则车八平七，速胜。

② 车五平四　士5进6

黑方只能支士，不能飞象，如飞右象，则炮七进三杀；如飞左象，则车四进三杀。

③ 炮七平五　将5平6

④ 车四进一　红胜

图 70

局例二

如图71，红方先。

① 车二进五

黑方已经形成对红方的绝杀局面，红方利用车炮抽将的手段，无论吃掉黑方的哪个车，都无法缓解黑方对自己的绝杀形势。此时不容红方有一着的松懈，必须连将取胜，所以不能用车三进三将军，否则无论车抽到何处，黑方象9退7解将后，都成绝杀之势。

① ·········· 士5退6

② 车二退一 士6进5

③ 车三进三 士5退6

④ 车三退一 士6进5

⑤ 车二进一 士5退6

⑥ 车三平五 士4进5

黑方如改走将5进1吃车，红方则车二退一绝杀。

⑦ 车二退一 红胜

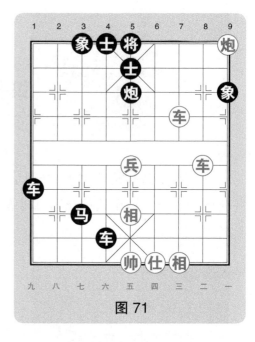

图71

局例三

如图72，红方先。红方虽子力强大，但后方空虚，黑方从三面对红方帅府形成包抄之势，红方已处于将被绝杀的状态。再仔细看看棋局的形势，大体上与上例相同，最大的区别是黑方中象位上没有棋子，黑方将的活动范围增大。如何缩小黑方将的活动范围，是否具备绝地反击的条件，怎样实施，都是红方面临的重要问题，如果这些问题解决了，依照上例的杀法，红方可捷足先登。请看红方如何取胜。

① 炮六平五！ 车3平5

红方弃中炮于中象位将军，目的是把3路车吸引至中象位，使黑方将的活动受阻，这是本局获胜的关键。

图72

② 车二进三　士 5 退 6　　　　③ 车三平五　士 4 进 5

黑方如改走将5进1或车5退1吃车，红方同样车二退一绝杀。

④ 车二退一

至此与上局相同，红方退车塞住象眼，用底炮绝杀。

局 例 四

如图73，红方先。双方大子相同，黑方净多两士三个卒，而且三卒在红方空虚的九宫内成鼎立之势，仅三卒足以使红方毙命。红方细观黑方形势，并非无懈可击，红方三个强子集中于黑方无防的右翼，且黑方中路洞开，高士角还有一士，授人以隙。红方如能熟练运用车炮抽杀，借车炮抽将之机调整车位，可捷足先登，取得最后胜利。

① 车七进五　将 5 进 1

根据图中的局势，红方此时车有平中和沉底叫将两种走法。当车平中将军时，黑方可用的两种应法士6进5和车7平5邀兑，都能击败红方，因此，沉底（进底线）将军成为首选的攻法。

② 车七退一　将 5 进 1

七路车进底线"将军"时，不仅可以逼黑方将置于不利位置，而且算准利用车炮抽将占到最佳位置，最终达到取胜的目的。黑方如改走将5退1，则红方车八进五，速胜。

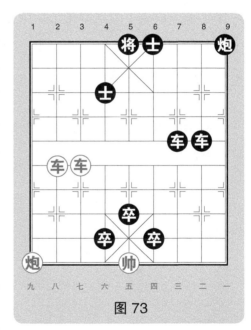

图 73

③ 炮九进七　士 4 退 5　　　　④ 车八进三　士 5 进 4

红方七路车连续打将，逼黑方将上移，显而易见能形成车炮抽将的态势，但是不能抽黑方车，因为在吃车时，卒5进1已成绝杀。而黑方将位不好是个致命的弱点，如能充分利用这一弱点，借车炮抽将的机会，抽去黑方中卒叫将，敞开中路大门，使红帅发挥助攻的作用，即可杀死黑方。前面已经提到，红方中路打将，黑方肯定要兑车，解决好这个问题，红方即可获得胜利。

⑤ 车八退五　士4退5

红方利用车炮抽将，先把一个车送到指定的位置——可以平五吃中卒将军的位置。

⑥ 车七退一　士5进4　　　　⑦ 车七退二　士4退5

红方再次利用车炮抽将，把七路车送到骑河线上。黑方只能落士而不能走将5退1，否则红方车七进三，将5退1，车八进七速胜。

当红方车八退五后，没有马上吃中卒将军，而是老练地把七路车引到骑河线，与黑双车同处一条横线，这是取胜的重要步骤。试想，如果红方车八退五后马上吃中卒将军，则黑方车7平5，车七退一，士5进4，车七退二，将5退1，由于红方八路车已平中路，黑方退将后，尽管黑方车被抽去，但危势已被化解。

⑧ 车八平五　将5平6

红方双车利用车炮抽将占据要道，现在又乘机吃掉黑方卒露帅助攻，着法十分犀利。

⑨ 车五平四　车7平6

红方抽掉黑方中卒后，肋道打将已构成白脸将杀，黑方平车邀兑，实属苟延残喘、负隅顽抗，红方只需用一车换掉黑双车就可一举获胜。

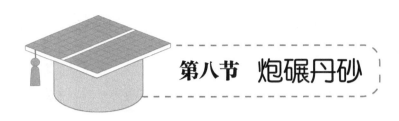

第八节 炮碾丹砂

一方用炮侵入对方底线，借助车或其他子力的力量左右翻飞，辗转扫荡对方的士（仕）、象（相）或其他子力从而取胜，这种杀法称为"炮碾丹砂"。

局例一

如图74，红方先。

① 车九进七　　士5退4

② 炮八进三　　士4进5

③ 炮八平四　　士5退4

④ 炮四平六　　车3进1

⑤ 炮六退九

红方打双士后，解杀还杀巧妙取胜。

局例二

如图75，红方先。

① 后炮平五　　车6平5

黑方如士6退5，则炮七进三杀。

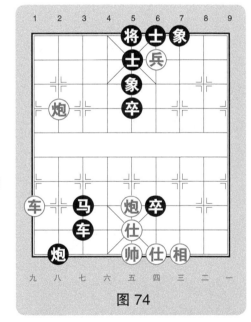

图 74

② 炮七进三　　士4进5　　③ 炮七平三　　士5退4

④ 炮三平六　　士6退5　　⑤ 炮六退八　　士5退4

⑥ 仕五进六　　后炮退2　　⑦ 炮六进八

红方炮吃象打士，左、右、前、后翻飞充分显示了炮辗丹砂的威力。

⑦ ·········· 后炮平4

⑧ 车八退一　炮4平3

⑨ 车八平六　红方胜定

局例 三

如图76，红方先。

① 车八进九　士5退4

② 炮一平四　车9平6

③ 炮四平六　车6退1

④ 炮六平四　象5退3

⑤ 炮四平七　将5进1

⑥ 车八退一　将5进1

⑦ 车二退二　红胜

局例 四

如图77，红方先。

① 车一进二　士5退6

② 前炮进一　士6进5

③ 前炮平七！士5退6

④ 炮三进二　士6进5

⑤ 炮三退四　士5退6

⑥ 炮三平九！车3平2

⑦ 炮九进四　车2退8

⑧ 炮七平四！车2平1

⑨ 炮四平九

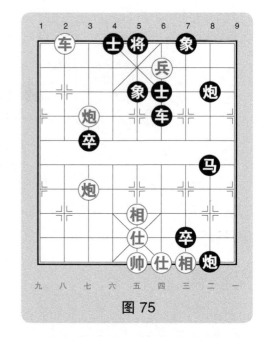

图 75

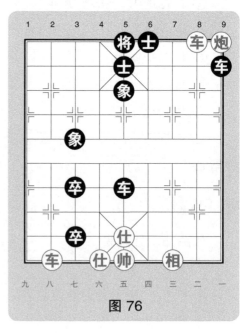

图 76

　红方双炮凭借车的威力轮番上阵，顿时摧毁了黑方的防线，然后集结于黑方右翼，一举获胜。

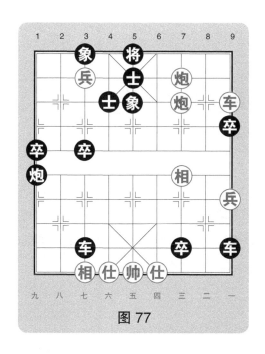

图 77

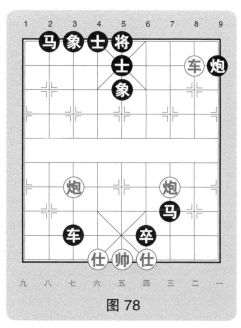

图 78

局例五

如图78，红方先。

① 车二进一　士 5 退 6

② 炮三进六　士 6 进 5

③ 炮三平六　士 5 退 6

④ 炮六平八　象 3 进 1

⑤ 炮七进六　将 5 进 1

⑥ 车二退一　红胜

局例六

如图79，红方先。

① 炮一进六　炮 6 进 6

② 炮一平六　车 2 进 1

③ 炮六退九　红胜

图 79

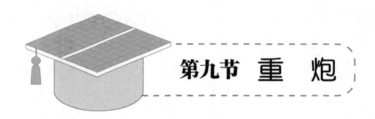

第九节 重 炮

双炮重叠将死对方，这种杀法称为"重炮"，也叫"双炮"。在实施竖线重炮或横线重炮杀法时，必须预先堵塞和控制对方将（帅）左右或上下移动的位置。实施重炮杀法时，不要让对方子力拼掉后炮，也不要让对方子力插入双炮之间。后炮将军时对方不能垫子，即被将死。

局例 一

如图80，红方先。

① 车七进五　将5进1

② 车七退一　将5退1

黑方4路肋道被红方帅控制，6路肋道有士挡着，黑方将不能左右移动。

③ 炮九平五　红胜

局例 二

避免双炮重叠被破坏。如图81，红方先。

① 后炮平六　车2进7

黑方进车企图拼掉红炮。

② 炮六进一　车2退2

黑方想在两炮之间垫上车。

③ 相九进七　车2退1

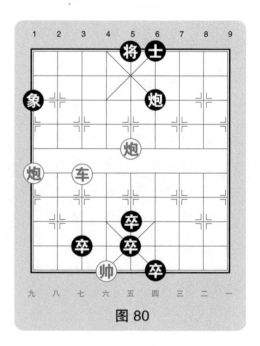

图 80

黑方再次想在两炮之间垫上车。

④ 炮五退二

至此黑方既不能拼掉后炮，又不能在两炮之间垫车，下一着红方炮五平六胜。

图 81

图 82

局 例 三

如图82，红方先。

① 车七进三　士 5 退 4　　② 兵四平五！将 5 进 1

③ 车七退一　将 5 退 1　　④ 炮九进三　士 4 进 5

⑤ 炮八进三

红方弃兵，用车顿挫，次序井然，控制黑方的下二路线，构成重炮杀。

局 例 四

如图83，红方先。

① 车六进五！士 5 退 4　　② 兵三平四！将 6 进 1

③ 炮七平四　士 6 退 5　　④ 炮五平四

红方弃车献兵颇有胆识，最终双炮巧妙成杀。

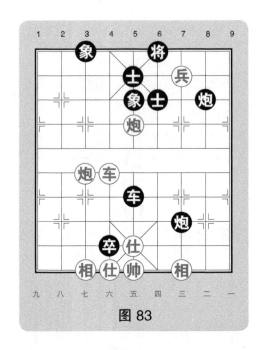

图 83

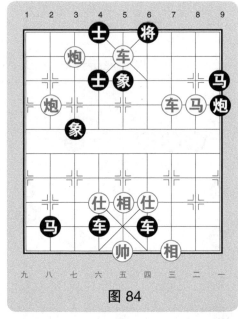

图 84

局例五

如图84，红方先。

① 车五进一！ 将 6 平 5

黑方如将6进1，则车三平四，炮9平6，炮八进二杀。

② 车三进三！ 象 5 退 7

黑方如将5进1，炮八进二，重炮杀。

③ 马二进四！ 将 5 进 1

黑方如将5平6，炮八平四，马后炮杀。

④ 马四进六！ 将 5 进 1

黑方如将5平4，炮八进二，闷宫杀。

⑤ 炮八进一 士 4 退 5   ⑥ 炮七退一 红胜

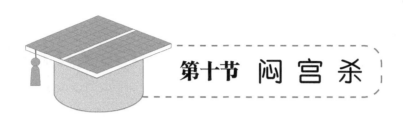

第十节 闷宫杀

进攻一方的炮，利用对方的士（仕）作炮架将死对方，或者采用弃子堵塞的战术，有意识地阻塞对方将（帅）路，造成将（帅）无法走动而被闷住，这种攻杀的方法称为"闷宫杀"，或称"闷杀"。

局例一

如图85，红方先。这是最基本的闷宫杀的形式。这种杀法在实战中常常出奇制胜。

① 炮二进三　象5退7

红方二路炮沉底将军，目的是吸引中象落到底线，为三路炮闷宫杀创造条件。

② 炮三进七

由于红方炮吃底象后黑方6路士无处走，黑方将被闷在宫中，所以称闷宫杀，红方胜。

我们再看黑方先。

① …………　卒3平4！　②帅六进一

图85

弃卒，妙着！利用中炮的控制能力，使红方帅不能平中而只能上帅吃卒，这样就把红方帅引上了绝路，为闷宫杀创造了条件。

② …………　炮5平4　黑胜

这是闷宫杀的又一种形式。

局 例 二

如图86，红方先。

① 车二平四　　士 5 进 6

② 车四平五　　士 6 退 5

红方利用我们前面已经讲过的顿挫技巧，不仅抢得中路的最佳位置，同时也赢得了宝贵的时间。黑方与原来一模一样，而红方二路车走到了五路，且接下来仍是红方行棋，无形中利用技巧多走了两步棋。

③ 仕五进四　　士 5 进 6

④ 车五进六

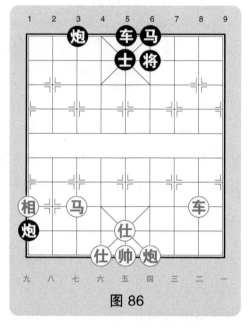

图 86

红方弃车，计算深远：红方车抢占中路，借将军之机，扬仕露帅，再借红帅之力，在黑方九宫中心弃车。一系列精彩之作，早有谋算，一气呵成。

④ …………　　车 5 进 1

黑方无法将6平5吃车解将，只能进车吃车，这样红方就利用弃子的手段将黑方车引至九宫中心，不仅自阻了将路，同时也阻断了士的退路，为闷宫杀创造了条件。

⑤ 仕四退五

闷宫杀，红方胜。

我们再看黑方先。

① …………　　炮 1 进 1　　　　② 马七退八

黑方炮下底将军，红方如改走相九退七，则黑方炮3进9，闷宫杀，速胜。

② …………　　炮 3 进 9！

看准红方只有一只边相防守底线，黑方以牺牲一个炮为代价，换取攻击对方底相的机会。

③ 相九退七　炮 1 平 3

黑方以八路红马为炮架，用"担子炮"攻击红方底相，从而构成闷宫的杀着。双炮连环进攻，棋谚有"一杯不醉两杯醉"之说，因此这种闷宫杀的形式又叫"双杯献酒"。

局例三

如图87，红方先。红方炮低兵单相对黑方单缺象，由于红方各子占位俱佳，而黑方各子占位极差，红方借先行之利，有机会取胜。读者朋友们通过对本局的学习，掌握控制的技巧，才能做到不失时机取得胜利。

① 兵七进一！将 4 进 1

红兵进底线吃象，计算准确，以下能够全面地控制黑方各子。由于红方各子占位都好，兵刚好吃着底象，红方炮占据中路，黑方将无法平中而钻入死路，从此受制。

② 相一进三　士 5 进 6

红方及时动相，准备回到中路作炮架，与炮联手控制中路。黑方只有中士可以走动。

③ 相三退五！士 6 退 5

红方退相封锁中路，阻止黑方

图 87

将平中。如果不及时把边相撤回中路，待黑方将平中后红方无法取胜。现在红方各子都在参与对黑方的全面控制，红方兵防止黑方将下底，主帅牵制对方4路高士不能行动，炮、相封锁中路，防止黑将平中转移，此时黑方已被红方全面封锁。

④ 帅六退一！士 5 进 6　　　⑤ 帅六退一

全面封锁部署完毕，红方开始实施取胜方案，退下红帅，让出六路线，为炮闷杀准备条件。

⑤ ··········· 士6退5   ⑥ 炮五平六

待黑方退回中心士后，自阻将路，闷宫杀的条件已经具备，红方平炮闷杀胜。

局例四

如图88，红方先。这是一局颇有趣味性的实战对局，对弈者之一为北京著名棋手那健庭，弈至如图形势，轮到那健庭行棋。我们从本局中可以领略到前辈棋手深厚的功底，从中学到平淡中出奇兵的敏锐思维和运子的技巧。

① 炮五平七

平炮要杀，精彩绝伦。红方炮、兵、帅占位极佳，若其中一子不到位都难以取胜。现在红兵锁住宫门，借助帅力协炮摧杀，红炮雄踞河口，畅通无阻。红方平炮后，续走炮七进五，士4进5，兵六进一，绝杀！

① ··········· 士4进5

黑方别无他法，只得支士解围。

② 帅六平五

红方置兵于炮口而不顾，毅然帅平中路，对黑方中路进行牵制，这是获胜的关键。至此，黑方只有炮可以走动。因红方兵已深入二路线，如果黑方炮7平4把兵吃掉，则红方炮七平三要闷宫杀，即便黑方将5平4也无济于事，吃兵后的黑炮挡住了将逃跑的线路，红方炮三进五依然获胜。

② ··········· 炮7进4

根据刚才的分析已经知道，红方左炮右移对于黑方来说是致命的，因此黑方炮升至骑河线，企图阻挡红方炮右移。

③ 炮七平四

巧着！黑方只有一炮可动，红方等黑方炮走动后再将炮右移。

③…………　炮7退1　　　④炮四平三

黑方别的子无法动，只能走炮，红方炮只要逼迫黑方炮节节后退，退到无路可走即是红方获胜之时。

④…………　炮7退1　　　⑤炮三进一　炮7退1

⑥炮三进一　炮7退1　　　⑦炮三进一　炮7退1

⑧炮三进一

黑方炮无路可退，只得向8、9路平移，红方续走炮三进一，闷宫杀。

局 例 五

如图89，红方先。

①车八平二

红方主动献车，妙手！解杀还杀是获胜的关键。

①…………　车8退5

黑方如改走马5退6或车6退7吃兵，红方仍可按原法连杀取胜。

②马八进七　马5退4

③前炮进七　象1退3

④炮七进九　　红胜

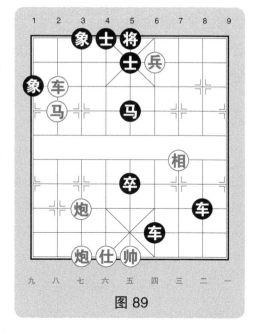

图89

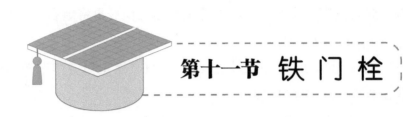

第十一节 铁门栓

一方炮镇中路（例如用炮牵制住对方的将、士、象三子，也可能牵制住将、士、炮或将、士、车等），同时用车或兵控制对方的将门，犹如铁做的门塞子一样，把对方的将封死，并借助其他子力将死对方，这种杀法称为"铁门栓"。这种杀法多用于车、炮、兵或车、炮、帅联合作战，攻势凌厉，常构成绝杀。要点：①镇住中路的炮不能被对方赶跑或换掉；②车封将门后，攻击将门的子力要多于对方守将门的子力；③双方子力相等时，一个办法是增加冲击将门的力量，另一个办法是削弱对方守卫将门的子力。

局例一

如图90，红方先。现已形成铁门栓之势，红方炮镇中路，车控制对方的将门，只需借助帅的力量，即可成杀。

① 帅五平四！ 车8平5
② 车四进三   红胜

局例二

如图91，红方先。本局形势：黑方为双车一炮，有一过河卒；红方为车、马、炮，少一仕。黑方多子，

图90

红方有攻势。红方炮在中路拴住黑方的将、士、象，车已控制将门，且帅已出宫助阵。黑方底车防守底线，红方一时难以用铁门栓成杀。红方应如何

运子，让黑方底车失去看守作用？

① 马三进二！　车9平5

红方敢于进马，料定黑方车不敢吃马，如车8进1吃马，则车四进三，铁门栓杀。

② 马二退四　将5平6

红方马敢于将军，是因为红方炮镇住了黑方的中路，拴住了黑方的中象和中士。

③ 马四进三

如果黑方没有底车防守，红方早就车四进三铁门栓杀了。现在红

图91

方马借闪将之机，跳入对方底线，阻断8路黑车对底线的防守，为铁门栓杀创造了条件。

③　…………　将6平5　　　④ 车四进三

红方铁门栓杀。

局例三

如图92，红方先。双方子力对比，红方车、马、炮对黑方车和三卒，似乎红方强大许多。然而红方九宫是座空城，黑方其中一卒占据了九宫中心，另两卒也已逼近，且黑方车既捉炮又要杀，红方已岌岌可危。所幸红方先走，又借四子占位极佳之利，实施妙法，弃子抢点，运子要杀，令黑方猝不及防，一举擒黑方于马下。

① 马二进四！　车3平6

红方马挂角将军，黑方车迫于无奈，垫马解将，从极有威胁的位置移至暂不能动的位置。这是红方一整套战术的开端。黑方如改走将5进1解将，则红方车二进八，速胜。

② 车二进八！　车6进1

红方进车吃车，主动弃马，目的有二：一是强行抢占有利位置，便于右车左移；二是黑方车吃马后，位置狭窄，为红方赢得了宝贵时间。

③ 车二平六！ 士4进5

红方平车占领肋道，借助帅力要杀。黑方如改走他着，则红方炮七进三，士4进5，车六进一，速胜。

④ 炮七平五

车、帅已经控制黑方将门，现红方炮镇中，拴住黑方中象、中士，铁门栓已形成，红方胜。

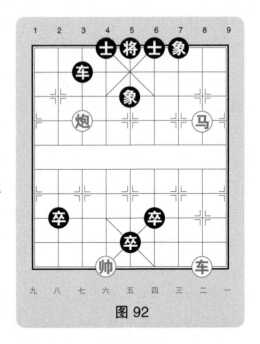

图 92

局例四

如图93，红方先。原本炮低兵不胜士象全，只是黑方士象位置较差，中路空虚。红方帅、兵各占一条肋道，小兵"锁口"，对黑方有极大的威胁，红方炮四通八达，这种局面对红方极为有利。但红方想取胜也并非易事，需根据局势的需要，抓住黑方的薄弱环节，将子力运往黑方的要害处，给黑方以致命的打击。

① 炮二平五

红方平炮中路，这是获胜的关键。至此，黑方除一边象，全盘无子可动。一着平中炮，极大地发挥了它的控制作用，造成黑方全面被动。

① ·········· 象 1 进 3

黑方无子可动，只能飞边象。

② 炮五进四

红方炮升巡河，继续发挥它的控制作用，同时掩护帅右移助战。

② ·········· 象 3 进 1　　　③ 帅六平五　 象 1 退 3

④ 帅五平四

现在，帅在中炮的掩护下已经到位——与红方兵处于同一条肋道，这是至关重要的位置，尤其在炮、兵残局中，大家一定要牢牢记住这种局面的特点。

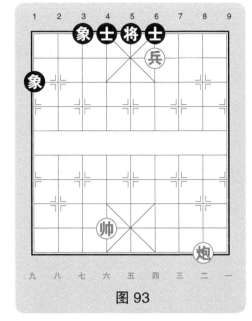

图 93

④ ………… 象 3 进 1

黑方无其他子可动，只能飞象、落象。

⑤ 炮五平二

这是红方获胜的又一关键着法。只控制不能赢棋，还需要发动攻击，中炮右移开始了攻击的程序。红方的集团军全部调到了黑方空虚的左翼要杀，无论黑方如何应，红方接下来续走炮二进五，士6进5，兵四进一，绝杀。

⑤ ………… 士 6 进 5   ⑥ 帅四平五

红方通过平炮要杀的手段，逼迫黑方支起与红方兵同在一条肋道的底士，达到红方兵控制将门的目的。此时再平中帅，在帅、兵的控制下，黑方九宫内的三子又无法移动。现在黑方能动的只有落边象，不能落中象，如果落中象走象3退5，则红方炮二平五再帅五平四形成铁门栓杀，速胜。

⑥ ………… 象 1 退 3   ⑦ 炮二平七

红方现在平炮要闷宫杀，继续施展炮的控制能力，占据七路线，使黑方双象的活动受阻，迫使对方非落中象不可，这样红方实施铁门栓杀的条件就完全具备了。

⑦ ………… 象 3 进 1   ⑧ 帅五退一 象 3 退 5

红炮牢牢控制了七路线，黑方边象不能再动，否则将闷宫杀，只得落中象，这样红方的目的就达到了。

⑨ 炮七平五！ 象 1 退 3   ⑩ 帅五平四 红方胜定

局例五

如图94，红方先。红方利用左肋车、帅的优势，运炮攻击，巧妙地构成铁门栓杀局。

① 炮一平九！　士 4 进 5

② 炮九平五　车 7 进 7

③ 车六进一　红胜

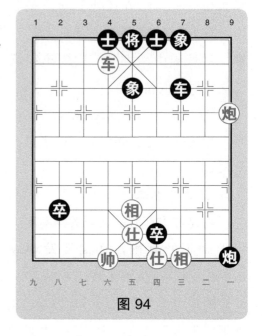

图 94

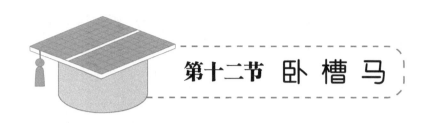

第十二节 卧槽马

"卧槽马"指跳到对方底象（相）前一格位置上的马。卧槽马既能将军，又能抽车，与其他子力配合，可以组成强大的攻势，是实战中运用相当广泛的基本杀法。

局例一

如图95，红方先。黑方不仅子力占优，且兵临城下，车、炮、卒已将九宫团团围住，红方主帅危在旦夕。红方虽少子，好在占位极佳，可借先行之利，利用中炮的强大威力，消除黑方3路车的作用，用卧槽马杀法取胜。

① 炮九进七　车3退3

因黑方士、象被红方中炮拴住，所以红方边炮沉底叫将，利用中炮的威力，把黑方3路车引至底线，这是获胜的关键。

图95

② 马八进七　将5平6

③ 车一平四　士5进6

④ 车四进一　红胜

局例二

如图96，红方先。红方虽多一马，但仕、相全无，九宫非常空虚，主帅危在旦夕。黑方一卒已占据九宫中心，只要再进车将军即可胜出。红方如车三退八防守底线，黑方卒3进1绝杀。红方似乎已回天乏术。此时，红方石破天惊的一着，反把黑方推上了绝路。

① 车三平四

现在红方弃车，目的有三：其一，解杀还杀，防止黑方车6进1的致命一击；其二，不仅解杀，同时也在要杀，当红方马卧槽时，黑方将无路可走；其三，黑方车必须吃掉红方车，红方把黑方车引至象眼的位置，最大限度地限制了黑方将的活动，同时，塞住象眼，使黑方双象的联防遭到破坏，这是红方获胜的关键。

图 96

① ………… 车 6 退 7　　② 马九退七　 将 5 平 6

③ 兵二平三

现在，我们能清楚地看到红方弃车的绝妙之处，即堵塞了黑方将的出路，红方胜。

局例三

如图97，红方先。红方不仅少子，而且仕、相全无。黑方的子力占绝对优势。所幸红方三子位置俱佳，在卧槽马的攻击下，红方兵借主帅的帮助，直逼九宫。

① 马八进七　 将 5 平 4

② 兵六进一

图 97

红方兵在主帅的掩护下，进兵将军，迫使黑将回原位避将。

② ·········· 将 4 平 5 　　　　　　③ 兵六进一　红胜

红方兵再次借助主帅的威力，进行最后一击，因有帅的掩护，黑方无法将5平4吃兵；黑方如用士5退4吃兵，红方卧槽马又在将军，红方马、兵同时将军，谓之"双将"，黑方无法应付，红方胜。

局 例 四

如图98，红方先。

① 兵六平五　士 4 进 5 　　　　　　② 马六进七　将 5 平 4

③ 车五平六　士 5 进 4 　　　　　　④ 车六进一　红胜

本例中红方首着用兵杀士，好棋！此着使马能顺利地卧槽将军而取胜。

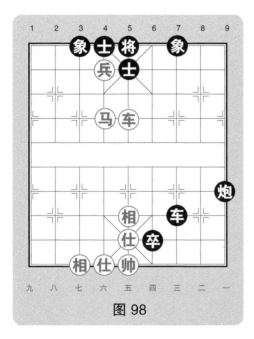

图 98

图 99

局 例 五

如图99，红方先。本局是车炮配合以卧槽马杀局而展开的一场攻坚战。

① 车三平五

红方弃车杀象，构思奇特，颇有点石成金之妙！

① …………… 象 7 进 5

黑方如改走车5退6，则炮三进六闷宫杀，红方速胜。

② 马二进一　卒 6 进 1　　　　③ 马一进三　红胜

局例六

如图100，红方先。

① 车一平四

红方献车，妙手！显示了底线兵的特殊作用。

① …………… 卒 5 进 1

黑方如改走车6退7去车，则马八进七，将5平6，兵二平三闷杀，红方胜。

② 帅六平五　车 6 平 4

③ 兵二平三　车 4 退 5

④ 马八进七　车 4 退 2

⑤ 兵三平四

献兵得车，红方必胜。

⑤ …………… 士 5 退 6

⑦ 车六平四　红胜

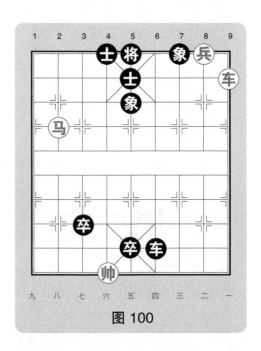

图 100

⑥ 车四平六　卒 3 进 1

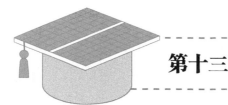

第十三节 挂角马

"挂角马"，又叫作"士角马"，指的是一方马在对方九宫的两个高士角中的任意一个，对没有移动位置的将（帅）形成叫将的局面。在实战中，挂角马可使对方的将（帅）不安于位，同时可与车或炮，甚至兵（卒）配合，组成联合攻势，颇具威力。

局例一

如图101，红方先。红方多一大子，仕、相全无，但车、马、炮占位极好，利用先行之利，三子联攻，可迅速取胜。

① 马六进四

红方挂角马之所以能成功，在于红炮在中路控制了黑方士、象，黑方无法走士5进6吃马。

图101

① ………… 将 5 平 4

② 车三平六 士 5 进 4

③ 炮五平六

红方车拴住黑士，车后再放一炮，加强了对黑方肋士的控制。这种"前车后炮"的攻击方法是常用的进攻手段，我们要明白它的作用：既可用车吃士要杀，又可抽吃黑方子力。

③ ………… 士 6 进 5

黑方如改走将4进1，则红方车六平七抽得黑车，也可取胜。

④ 车六进四 红胜

局例二

如图102，双方形势大体相似，是同一杀法的两种形式，这种杀法在实战中会经常遇到，读者朋友们一定要牢牢记住。

如红方先。

① 车六进一

弃车，妙着！红方迫使黑方用中士吃车而不能出将吃车，因为有马在看守黑方4路上的两个士角。实际上弃车的目的有两个：一是把黑方中士引到底线，为挂角创造条件；二是黑方落士后阻塞了将的移动空间，在红方兵的看守下黑方将只有坐以待毙。

图 102

① ………… 士 5 退 4 　　　② 马八退六　红胜

如黑方先。

① ………… 卒 6 进 1 　　　② 仕五退四　马 8 退 6　黑胜

这种用弃车（或兵、卒）的方法将对方中士（仕）引至底线，使对方单士（仕）既放弃了对高士角的防守，又限制了将（帅）的活动范围，在另一侧用车或兵（卒）制将（帅），用挂角马将杀对方的杀法又称"金钩挂玉"（南方称"白马现蹄"），是实战中常见的凶狠杀法。

局例三

如图103，红方先。

① 炮七进三　象 5 退 3 　　　② 马八进六　将 5 平 6

③ 兵三平四

红方首着利用引离战术，既减少了黑方中路的防守，又整住黑方马，不能垫将，使红方马挂角成杀，一举三得。

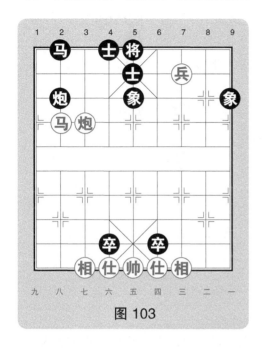

图103

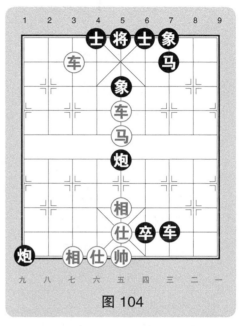

图104

局例四

如图104，红方先。

① 车五进一　士6进5

红方弃车杀象是取胜的关键着法。黑方如用炮、马、象中的任何一子吃车，红方均可用挂角马一步将死对方。

② 马五进六！将5平6　　　③ 车五平四

红方再献车引离黑方中士，迅速取胜。

③ ………… 士5进6　　　④ 车七平四　红胜

局例五

如图105，红方先。

① 车九进九

红方沉车将军是重要的一着棋。如先走马七进五，则马3进5，车九进九，象5退3弃象，红方马无法挂角。

① …………… 士 5 退 4

② 马七进五　士 6 进 5

③ 马五进四

此时黑方虽有士守角，但红方有中炮助威，仍可挂角攻击。

③ …………… 将 5 平 6

④ 马四进二

红方步骤正确！如改走车一进九，则炮8退2，红方取胜困难。以下红方势如破竹，连杀获胜。

④ …………… 将 6 进 1

⑤ 车一平四　炮 8 平 6

⑥ 马二退三

红方如车四进七，士5进6，马二退三，将6退1，车九平六，也能获胜。

⑥ …………… 将 6 退 1　　　⑦ 车九平六　士 5 退 4

⑧ 车四进七　红胜

图 105

第十四节 拔簧马

车借助马的力量进行抽将得子或将死对方，称为"拔簧马"杀法。使用这种杀法时，车可以从马那里获得进攻力量，此马就像一个强有力的弹簧具有极大弹性，所以把具有这种能力的马称为"拔簧马"。

局例一

如图106，红方先。

① 马三进二　将 6 进 1

黑方如改走将6平5，红方车三进五，速胜。

② 车三进四　将 6 退 1

③ 车三退五

红方车借助马抽将吃炮，正确的着法！如误走车三平五，则炮7退5垫将，红方反而无解救之着，就输定了。

③ …………　将 6 进 1

④ 车三进五　将 6 退 1

⑤ 车三平五　红胜

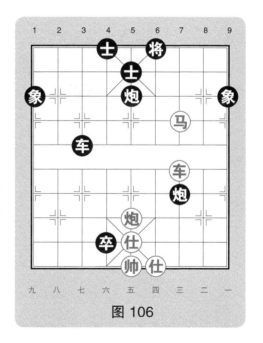

图 106

局例二

如图107，红方先。

① 炮八进七　士 4 进 5　　② 马七进八　卒 7 平 6

黑方如改走象7进5，则马八进七，士5退4，车六进一，将5进1，车六平五，将5平4，马七退八，将4进1，车五平六，红方胜。

③马八进七　　士 5 退 4　　　　　④车六进一　　将 5 进 1

⑤车六退三　　将 5 平 6

黑方如走将5进1，车六进一，红方胜。

⑥车六平四　　红胜

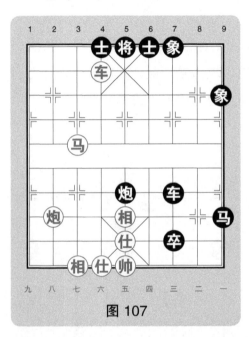

图107

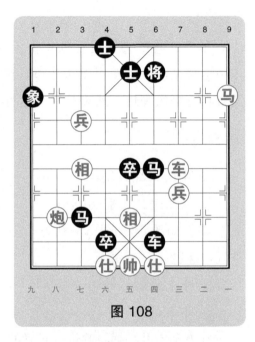

图108

局例三

如图108，红方先。

①马一进二　　将 6 退 1　　　　　②车三进五　　将 6 进 1

③车三平六　　将 6 进 1　　　　　④车六退二！　士 5 进 4

⑤炮八进五　　士 4 退 5　　　　　⑥兵七进一　　士 5 进 4

⑦兵七平六　　红胜

红方借马使车巧杀取胜。

局例四

如图109，红方先。

① 马七进八　　将 4 退 1　　　　② 车七进九　　将 4 进 1

③ 车七平四　　将 4 进 1　　　　④ 车四退八　　车 4 进 1

⑤ 帅五进一　　车 4 退 1　　　　⑥ 帅五退一　　车 4 平 6

⑦ 相五退七　　车 6 平 4　　　　⑧ 兵五进一　　红胜

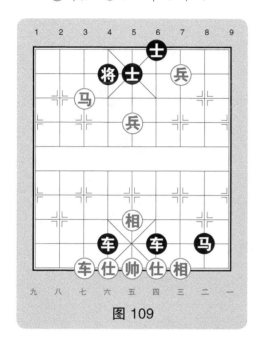

图 109

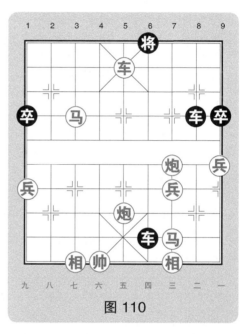

图 110

局例五

如图110，红方先。红方虽然多子，但子力较为分散，似乎暂时形不成强大的火力，而且缺少双仕，后防不够牢固；黑方双车虎视眈眈，正如棋谚云"缺士怕双车"。实际上黑方后方十分空虚，红方各子占位很好，车、炮占据中路，三路炮处在前沿，红方可借先行之利，马跳入九宫用车抽将，用拔簧马杀法取胜。

① 马七进六！　车 8 平 4

黑方如直接走车8平6，则车五平二，将6平5，车二进一，后车退3或将

5进1，马六退五杀。

② 帅六平五　车 4 平 6 　　　　③ 炮五平四！后车进4

④ 车五进一

此时走车五平三，也是红方胜。

④ ………… 将 6 进 1 　　　　⑤ 车五平四！红胜

局 例 六

　　如图111，红方先。黑方少一子且缺士少象，红方车、马、炮三子占位俱佳，只需选择最佳突破点，即可获胜。

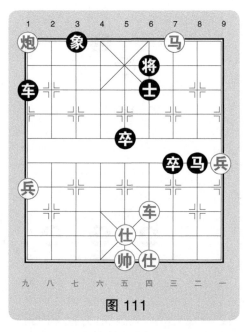

图 111

　　① 车四平六！车 1 退 2

　　红方车平六要杀，下一着车六进六，士6退5，车六平五杀。黑方如改走车1退1，则车六进五！士6退5，马三退二杀，红方胜。

　　② 车六进六　士 6 退 5

　　黑方如改走将6退1，则车六进一，将6进1，车六平五！马8退9，马三退二，马9退7，车五平三！红方得子必胜。

③ 车六平五　将 6 退 1 　　　④ 马三退四！马 8 退 7

⑤ 马四进六　马 7 进 6 　　　⑥ 仕五退六　卒 5 进 1

　　红方落仕敞开帅门，借助帅的控制力量和马的威力，由车来实施攻杀。黑方如改走车1进1，则车五平三将军，黑方如弃车吃马，则车双兵必胜马双卒；黑方如改走将6平5，则马六退四抽车，仍是红方胜。

⑦ 车五退四！将 6 进 1 　　　⑧ 车五进四　将 6 进 1

⑨ 车五平三　红胜

第十五节 八角马

用马在对方九宫的任何一个士角位置上与对方将（帅）形成对角，使其失去活动自由，然后借用其他子力将死对方的杀法，称为"八角马"。

局例一

如图112，红方先。

① 马二进四　士5进6　　② 马三退四　卒6进1

③ 车七平六　红胜

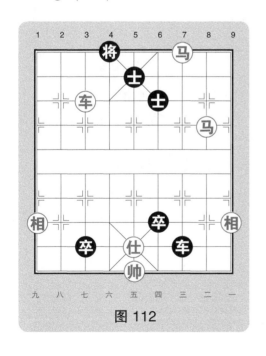

图 112

图 113

局例二

如图113，红方先。本局中黑方卒逼九宫，几乎形成绝杀之势，但红方在危急中将"死马"变为"活马"，巧妙地抢先一步而反败为胜。

① 车五平四！ 士 5 进 6　　② 马五退六！ 车 7 进 2

③ 帅六进一　 卒 5 平 4　　④ 帅六平五　 卒 4 进 1

⑤ 帅五平六　 车 7 平 5　　⑥ 兵三平四　 车 5 退 8

⑦ 兵四进一　 车 5 平 6　　⑧ 兵六平五　 红胜

局 例 三

如图114，红方先。

① 兵二平三　　将 6 退 1

② 兵六进一

红方进兵妙着！ 这是促成八角马的必要条件。暗藏着兵三进一，将6进1，马五进三的杀法。

②…………　车 5 平 7

③ 相一进三

红方飞相挡车，隔断黑方的回防路线。

③…………　士 5 退 4

④ 马五进六

至此，红方形成八角马绝杀。

④…………　卒 2 平 3

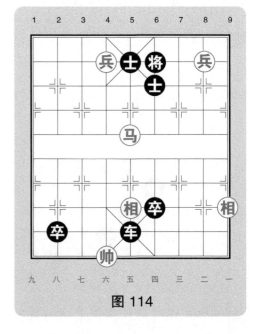

图 114

⑤ 兵三平四（或进一）　　红胜

局 例 四

如图115，红方先。双方虽大子相当，但黑方多一过河卒，且已占据红方宫门，再配合车炮，已成绝杀之势。而红方车、马占位极好，可以进行抢攻。

① 马八进六

红方借中车的力量牵制黑方中士，使得黑方中士无法吃挂角马。如改走马八进七卧槽，则无后续的进攻手段，黑方将获胜。

① ‥‥‥‥‥‥ 将 5 平 6

红方马挂角将军，逼将出来后，恰好与挂角马成对角位置，红方得以施展八角马杀法。

② 车五平四

正确！红方如误走车七平六，则将6进1，黑方起死回生。

② ‥‥‥‥‥‥ 士 5 进 6

③ 车七平六   红胜

局 例 五

如图116，红方先。红方虽多一大子，但黑方攻势甚猛，一卒已深入九宫腹地，双车左右夹击，只待进车将军即可得胜。黑方后防看似稳固，红方突施妙手，借先行之利，抢先发难，用八角马杀法一举获胜。

① 车二平五

红方一着弃车吃士，如石破天惊，彻底摧垮了黑方的防御体系，并把黑方将引至二路线，这是击败黑方十分准确的切入点。

① ‥‥‥‥‥‥ 将 5 进 1

因为有红方八路底车的牵制，

黑方只能将5进1，而不能士4进5吃车。这样，黑方不仅丢了一士，而且黑将暴露在外，为红方抢占要位创造了条件。

② 车八退一   将 5 退 1

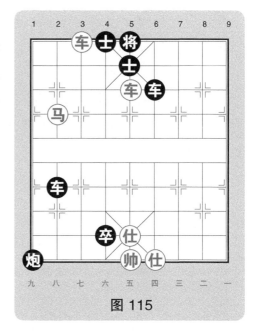

图 115

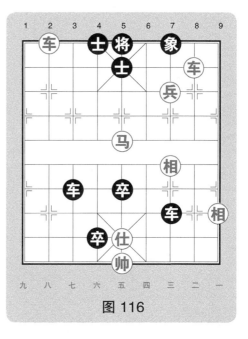

图 116

红方车借将军之机，抢占极佳位置，为取胜做好了一切准备。黑方只能退将，如改走将5进1，则兵三平四，红方速胜。

③马五进六　将5平6

红方弃车前已经计算到目前的棋局。现在红方马挂角，黑方不能上将，而只能平出，恰好与挂角马形成对角关系，黑方将已被红方八角马控制，无路可走，只能束手就擒。

④车八平四　红胜

第十六节 钓鱼马

"钓鱼马"是利用马在对方三·三或七·三位置上策应，然后车借马力将死对方。钓鱼马位与将（帅）之间的形状如"双象连环"。此马的特点是同时控制着中士和底士两个位置。钓鱼马是残局阶段车、马攻杀的一种常见杀法。

局例一

如图117，红方先。黑方防守体系相对牢固，而红方帅府无子防守，极为空虚。红方虽有先行之利，但三子都集中于黑方防线的背面，如何突破黑方防线，请看实战。

① 兵六平五　　士4进5

红方马已到达钓鱼马的位置，在马的掩护下，兵已突破黑方的防守体系，黑方将已无法活动，只得用士把红方兵吃掉。红方弃兵的目的不仅是换取黑方一士，同时使黑方底线暴露出来，成为红方攻击的

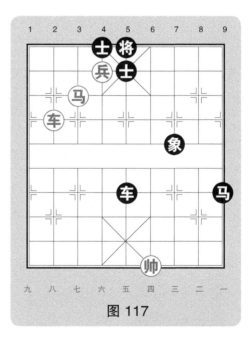

图117

重点方向。黑方如改走车5退5吃兵，则马七进五吃车后，也是红方胜。

② 车八进三　　士5退4　　　　③ 车八平六　　红胜

本例中如果黑方先走，也可用钓鱼马取胜。

① …………　　马9进7　　　　② 帅四进一　　车5平6　黑胜

如图118，红方先。红方虽然少子，但占位极好，且黑将暴露在外，使红方有机可乘。

① 车六进三！ 士5退4

红方弃车杀士，重要之着！目的是把中士吸引到底线，使黑方的将彻底失去保护。

② 车一进二

红方先用车连续将军，把将定位在底线，正确！如改走马五进三，则将6进1，车一进一，将6进1，红方无杀着，黑方胜。

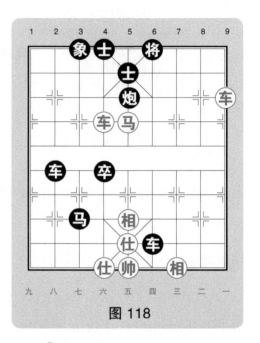

图 118

② ………… 将6进1

③ 车一退一 将6退1

黑方如改走将6进1，则马五退三，红方胜。

④ 马五进三 将6平5

⑤ 车一进一 车6退8

此时方显出第一着弃车引士的作用，如中士还在，则红方无杀着。

⑥ 车一平四 红胜

如黑方先行，也可用同样的方法取胜。

① ………… 车6平5

黑方弃车吃中仕，目的是打破红方双仕的连环互保，把红方底线暴露出来。

② 仕六进五 车2进4

③ 仕五退六 车2平4 黑胜

局 例 三

如图119，红方先。双方子力、位置大体相同，正在展开激烈的对攻。红方如了解钓鱼马的杀法，取胜是很容易的。

① 车四进五

红方弃车杀士，拆除黑方用于防守的棋子，积极抢攻。

① …………　将 5 平 6

② 马五进三

红方进马是弃车后的连续手段，红方马借将军之机，抢占钓鱼马的有利位置，然后车马做成杀局。

② …………　将 6 平 5

③ 车八平二　象 5 退 7

④ 车二进一　车 1 平 6

⑤ 车二平三　车 6 退 6

⑥ 车三平四　红胜

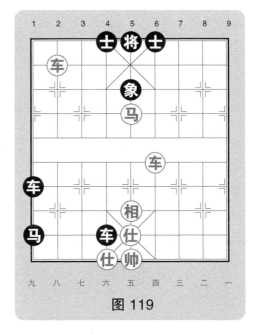

图 119

局例四

如图120，红方先。

① 车四进一！士 5 退 6

② 车八进二

步骤正确！如改走马五进七，则将4进1，红方取胜困难。

② …………　将 4 进 1

③ 车八退一！将 4 退 1

黑方如改走将4进1，则马五退七，红方速胜。

④ 马五进七　将 4 平 5

⑤ 车八进一　车 4 退 8

⑥ 车八平六　红胜

图 120

局例五

如图121，红方先。

① 车八进三　　士 5 退 4

② 车八平六

红方弃车，及时之着！如改走马八进七，士6进5，车四平六，后马退6，马七进五，车8平4，红方难以取胜。

② …………　　将 5 平 4

③ 马八进七　　将 4 平 5

黑方如改走将4进1，则车四平六，红方胜。

④ 车四平八　　车 8 进 1

⑤ 帅五进一　　卒 3 平 4　　　　⑥ 帅五进一

红方如误走帅五平六吃卒，黑方象3退1，红方无杀着，黑方胜。

⑥ …………　　后 马 退 6

⑦ 车八进五　　马 6 退 4

⑧ 车八平六　　红胜

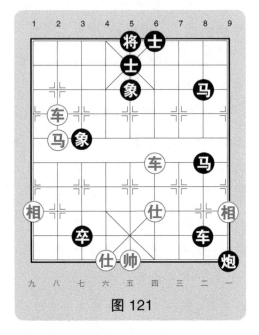

图 121

局例六

如图122，红方先。

① 马五进七！马 6 退 4

黑方如改走将5平6，则后车进四，车2平5，后车平四，将6平5，车四进三，士5退6，车六进一，钓鱼马杀，红方胜。

② 后车进五！士 5 进 4

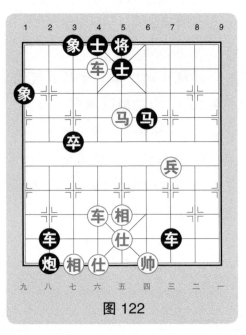

图 122

③车六退一

红方着法老练！如改走车六进一，将5进1，车六退二（多吃一士反而不妙），车2平5，红方无连杀，黑方胜定。

③…………　士 4 进 5　　　④车六平二　士 5 进 4

⑤车二平六　将 5 进 1　　　⑥车六进二　将 5 进 1

⑦车六退一　车 2 平 5　　　⑧马七退六　红胜

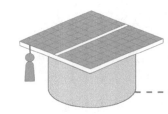

第十七节 高钓马（侧面虎）

己方马在对方3或7（三或七）路卒（兵）的原位上，对方将（帅）在4或6（四或六）路肋道，用车配合马将死对方，这种杀法称"高钓马"或"侧面虎"。要点：①送将（即用车将军），将军时要考虑最后车七进一（车7进1）或车七平六（车7平6）兜底时，对方有无防御手段；②闪将，利用闪将时要注意马是否有被吃掉或换掉的危险。

局例一

图 123

如图123，红方先。

① 车八进三　　象5退3

② 车八平七　　将4进1

③ 马六进七　　将4进1

④ 车七退二　　将4退1

⑤ 车七进一

红方此着即为送将的手段。至此黑方如将4退1，则车七进一，黑方如将4进1，则车七平六。

局例二

如图124，红方先。

① 车九进一　　象5退3　　　② 车九平七　　将4进1

③ 马五进七　　将4进1　　　④ 车七退二　　将4退1

⑤ 车七平八　　将4退1　　　⑥ 车八进二　　红胜

红方第五着车七平八即为闪将。此时红方仍用送将手段则不能取胜。红方如车七进一送将，黑方将4进1，红方不能车七平六兜底将，因为黑方9·2位上的炮可以打车。

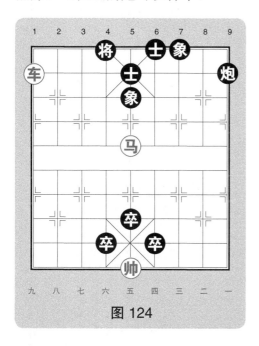

图124

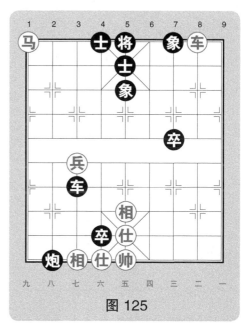

图125

局例三

如图125，红方先。

①马九退七　将5平6　　　②马七退五　炮2退7

黑方如改走将6平5，则车二平三，士5退6，马五进七，将5进1，车三退一，红方速胜。

③车二平三　将6进1　　　④马五退三　将6进1

黑方如改走炮2平7垫将，则车三退二，黑方仍没有办法防守。

⑤车三退一　炮2退1　　　⑥车三退一　将6退1

⑦车三平二！　将6退1　　⑧车二进二　红胜

局例四

如图126，红方先。这是实战中常见的棋局，红方如运用高钓马杀法，可以干净利落地一举获胜。

① 车四进九！ 将5平6

② 车二进三 象5退7

③ 车二平三 将6进1

④ 马五进三 将6进1

⑤ 车三退二 将6退1

⑥ 车三平二！ 将6退1

⑦ 车二进二 红胜

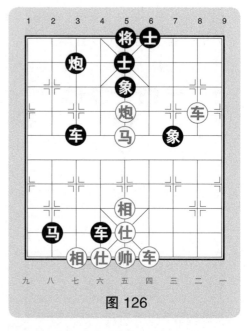

图 126

局例五

如图127，红方先。

① 炮九进九 士4进5

② 车八进五 士5退4

③ 兵四平五！ 将5进1

④ 车八退一 将5进1

⑤ 马二进三 将5平4

⑥ 马三退五 将4平5

⑦ 马五进七 将5平4

⑧ 车八平六 红胜

本局中红方利用高钓马杀法，妙手送兵给黑方吃，然后车马联合攻杀而取胜。

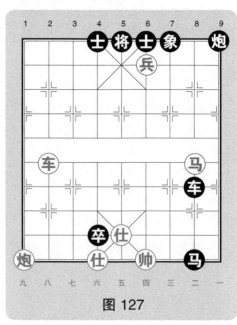

图 127

局例六

如图128，红方先。

① 车一进四　将 6 进 1

② 马一进二　炮 3 进 1

③ 兵四进一

此着妙极！红方由此展开了车马联合攻势。

③…………　士 5 进 6

黑方如改走将6进1，则车一退二，将6退1，马二进三，将6退1，车一进二，红方速胜。

④ 车一平五

红方车占中，有力之着，使黑方将无法逃避马的攻击。

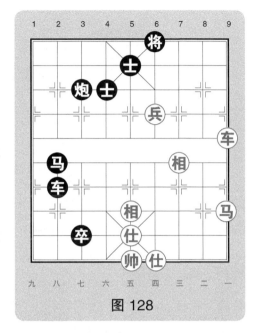

图 128

④…………　士 6 退 5　　⑤ 马二进三　将 6 进 1

⑥ 车五平一

红方马完全控制了黑方将，此时车回原路，形成绝杀之势。

⑥…………　车 2 进 3　　⑦ 仕五退六　炮 3 平 5

⑧ 仕四进五　炮 5 退 1　　⑨ 车一退一　卒 3 平 4

⑩ 车一平四　红胜

第十八节 双马饮泉

"双马饮泉"是指双马集中于对方侧翼的一种杀法，即先用一马在对方九宫侧翼控制将门，也就是跳到2·9（二·九）处或8·9（八·九）处，另一马卧槽奔袭，迫使将（帅）不安于位，然后双马互借抽将之力回环跳跃，盘旋进击而取胜。这种杀法俗称"打滚马"。

局例一

如图129，双方的子力一模一样，只是将在原位，而帅却偏出，谁先走都可用双马饮泉杀法获胜。

如红方先。

① 马四进三　　将 5 平 6

由图中可以看出，红方二路马已经处在黑方九宫侧翼控制着将门，四路马正处在能卧槽的位置。卧槽后黑方出将又处在二路马的控制之下，双马的威力得到充分的发挥。

② 马三退五　　将 6 平 5

黑方如改走将6进1，红方则马五退三杀。

③ 马五进七　　红胜

如黑方先。

① ……………　　马 3 进 2

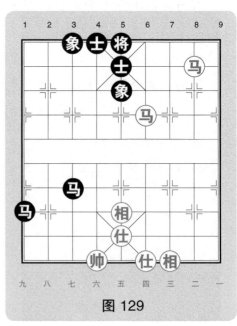

图 129

② 帅六平五

黑方1路马处在能卧槽的位置，3路马到2路将军，又处在控制将门的位置。红方如改走帅六进一，则马1退3，速胜。

　　②………… 马 1 进 3　　　　　　③帅五平六　马 3 退 5

　　④帅六进一

　　红方如改走帅六平五，则马5进7，黑方胜。

　　④………… 马 5 退 3　　黑 胜

局 例 二

　　如图130，红方先。红方仕相全无，名副其实是座空城，且黑方子力已兵临城下，论实力红方无法与黑方抗衡，但红方双马位置极佳，借先行之利，可用双马饮泉杀法获得巧胜。

　　①后马进三　将 6 退 1

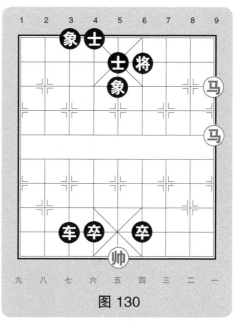

图 130

　　黑方只能退将，不能进将，否则马三进二，将6退1，马一退三，红方速胜。

　　②马三进二　将 6 平 5

　　双马已经到位，一马正待卧槽，一马到达二·九处控制对方将门。黑方如改走将6进1，则马一退三，红方速胜。

　　③马一进三　将 5 平 6

　　④马三退五

　　这是取胜的重要环节，红方双马相互借抽将之力，先抽吃黑方中象，以便使帅发挥牵制中路的作用。

　　④………… 将 6 平 5

　　黑方不能走将6进1，否则红方马五退三杀。

　　⑤马五进三　将 5 平 6　　　　　　⑥马三退四　将 6 平 5

　　黑方如改走将6进1，则红方马四进二杀。

　　⑦马四进六　红胜

局例三

如图131，红方先。双方子力大致相同，对攻也较为激烈，红方九宫被黑方双炮马三子包围，红方炮处在黑炮口中。黑方九宫也有红方四子大兵团在围剿，红方六路炮虽在黑方炮射程之内，且因正蹩住黑方卧槽马而无法动弹，但仍具遥控的威胁。红方可借先行之利，充分发挥双马的作用，先抽将得士，扫清障碍，继而取胜。

① 马四进二　将 6 平 5

借助炮的遥控作用，红方兵入九宫参战，成为取胜的重要因素。黑方将只得退回原位，如改走将5进1，则前马进四，红方速胜。

③ 前马退四　将 5 平 6

④ 马四进二　将 6 平 5

⑤ 后马退四！炮 1 平 4

⑥ 马四进三　将 5 平 6

⑦ 马三退五！将 6 进 1

黑方如改走将6平5，则马二退四，也是红方胜。

⑧ 马五退三　红胜

② 兵七平六！将 5 退 1

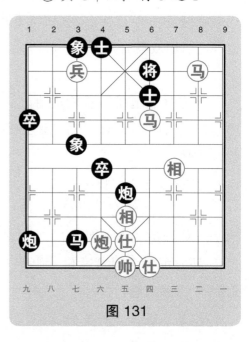

图 131

局例四

如图132，红方先。本例中论子力，黑方一车三卒，一卒已到达红方九宫，明显占优势；论防守，黑方士象全，且十分工整，而红方空城内仅孤仕防卫，黑方又明显占优势，看起来，红方凶多吉少。但是红方也有优势，双马兵都集中在黑方毫无戒备的左翼，且三子占位极佳，可借先行之利打黑方一个措手不及。现在的问题是，红方既要十分熟悉双马饮泉的战术，又要非常准确地找到击败黑方的突破口。请看实战。

① 马二进四！ 卒 4 进 1

弃马挂角，精彩！突破口选得非常准确。红方已算准黑方不敢吃马，黑方如改走士5进6吃马，则马四进六，红方速胜。

② 兵四进一！ 将 5 平 6

③ 前马进二 将 6 平 5

黑方如改走将6进1，则马四进二，红方速胜。

④ 马四进三 将 5 平 6

⑤ 马三退五 将 6 平 5

黑方如改走将6进1，则马五退三，红方速胜。

⑥ 马五进七 红胜

局 例 五

如图133，红方先。

① 马三进二 将 6 平 5

黑方如将6进1，则马四进二杀。

② 马四进三 将 5 平 6

③ 马三退五 将 6 平 5

黑方如将6进1，则马五退三杀。

④ 马五进三 将 5 平 6

⑤ 马三退四

红方变换方向将军，正确之着！

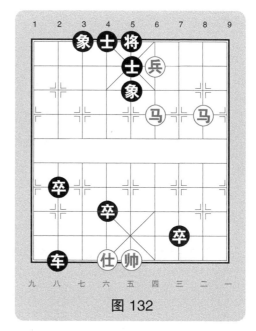

图 132

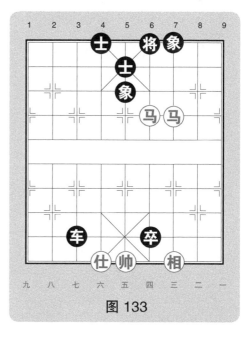

图 133

因黑方有3路车守住卧槽。与上一局的不同之处是需借帅力挂角取胜。

⑤ ………… 将 6 平 5

⑥ 马四进六 红胜

局例六

如图134，红方先。

① 马八退六

红方马挂角送入虎口，有惊无险，颇具妙味！这是双马饮泉杀法的一种典型着式，值得借鉴。

① ………… 马 8 退 6

② 兵六进一

红方献兵，好棋！为攻杀铺平了道路。

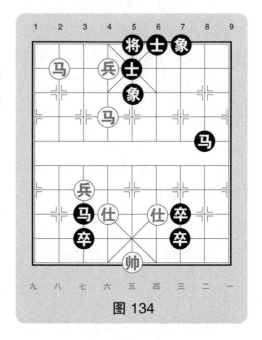

图 134

② ………… 将 5 平 4

③ 前马进八　将 4 平 5

④ 马六进七　将 5 平 4

⑤ 马七退五　将 4 平 5

⑦ 马七退六！将 4 平 5

⑥ 马五进七　将 5 平 4

⑧ 马六进四　红胜

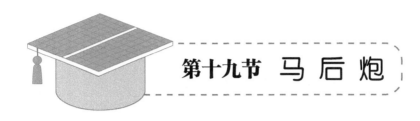

第十九节 马后炮

当一方的马与对方将（帅）处在同一条竖线或横线上，中间相隔一个空格，限制将（帅），使之不能左右活动，然后炮在马的后面将军，将死对方，这种着法称为"马后炮"杀法。

局例一

如图135，红方先。红方马、炮与黑方单车子力基本相等，黑方净多一卒，且卒已经逼近九宫，无疑黑方子力占优势。然而红方三子均占位极佳，如能抓住战机，熟悉战术，正确运用技巧，可用马后炮取胜。

① 马六进七！ 将 4 进 1

红方正确选择突破口，充分利用本方子力占位的优势，主帅占据中路，黑方将不能平5避将。又因为红方有七路炮保护将军的马，黑方也不能走车7平3垫马腿垫将，因此只得上将避将。红方如误走炮七平六，则士4退5，马六进四，士5进6，马四进六，车7平4，至此，红方只能用一炮换一车，黑方还在远端有一卒，只得求和。

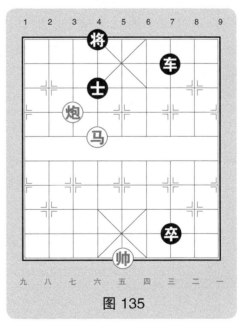

图 135

② 马七进八 将 4 退 1

顺利完成了马后炮的第一个步骤：红马与黑将处在同一横线上，之间仅隔一步。

③ 炮七平六

机警、细致之着！红方如急于走炮七平九要马后炮杀，则黑方车7平1拦炮解杀，红方不仅不能取胜，反而有失败的危险。现在红方炮不直接走平九要杀而先平六将军，迫使黑方落士，阻断黑车的通路后，红方再平炮九路要马后炮杀，黑方无解围之着。

③ ………… 士 4 退 5　　　④ 炮六平九

红方从容地完成了马后炮的第二步骤：以马为炮架，在马的后面用炮将军，从而获得胜利。

如果黑方为了避免马后炮杀而走将4平5，则红方炮九进三白脸将杀，仍为红方胜。

局 例 二

如图136，红方先。从子力上分析，红方有双炮、马三个大子，九宫内只有单仕；而黑方有车、马、炮，净多双卒而且士象全，明显占优势。但红方可根据位置的优势，妙施马后炮杀法，抢先而取胜。

① 炮七进七！ 象 5 退 3

红方弃炮轰象，将中象引离至底线，使中炮的牵制作用得到充分发挥，牵制了黑方中士，为红马挂角创造了条件，是获胜的关键。

② 马六进四　将 5 平 6

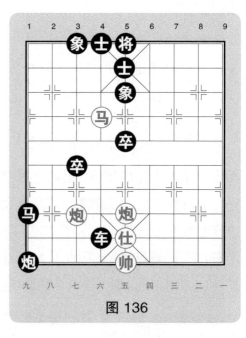

图 136

③ 炮五平四　红胜

局 例 三

如图137，双方子力大致相同，位置各有特点，先行者都可用马后炮杀法取胜。

红方先。

① 马四进三！ 炮 4 退 1

红方马不畏艰险，深入险地，是取胜的佳着。黑方退炮串打，已在红方预料之中。这在跳马以前一定要算准，才不致吃亏。

② 车四平五！ 将 5 进 1

红方弃车吃士，有胆有识，为马后炮杀法创造了条件。

黑方如改走将5平6，则车五进一，将6进1，炮二进二，将6进1，车五平四，炮4平6，车四退一，红方胜。

③ 炮二进二　红胜

黑方先。

① ………… 车 7 进 7

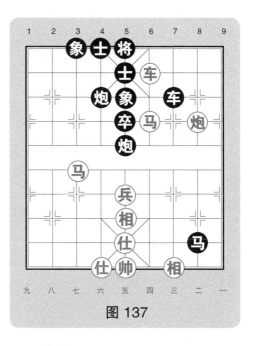

图 137

② 相五退三

黑方弃车吃相，目的就是引离中相，使中炮发挥对中路的牵制作用，为黑方马挂角创造条件。

红方如改走仕五退四，则黑方马8退6，帅五进一，车7退1，黑方胜。

② ………… 马 8 退 6

③ 帅五平四　炮 5 平 6　黑胜

局 例 四

如图138，红方先。

① 车五进三　将 4 进 1

② 车五平六！将 4 退 1

③ 炮三平六　士 4 退 5

④ 马四进六　红胜

红方借助帅力献车而巧妙构成马后炮杀局。

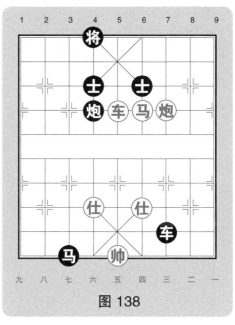

图 138

局例五

如图139，红方先。

① 兵四平五！ 将5进1

② 马七进六　　将5平4

③ 车三退一　　将4进1

④ 马六进八　　象3进1

⑤ 炮九退二　　红胜

红方弃兵引黑将上移，然后跃马参战，以马后炮杀法获胜。

局例六

如图140，红方先。

① 马八进七　　车4退2

② 车八进五　　士5退4

③ 车八平六！ 将5进1

④ 车六退一　　将5退1

⑤ 车六平四　　将5平4

⑥ 车四进一　　将4进1

⑦ 马七退六　　红胜

这是实践中常见的残局杀法。红方车借马炮之威，最终以马后炮杀法取胜。

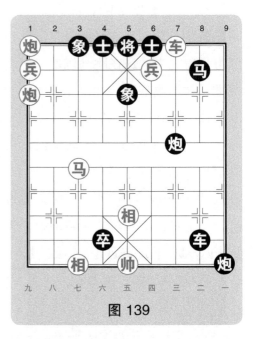

图 139

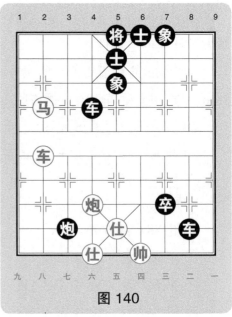

图 140

象棋从入门到精通

本单元重点

　　象棋残局是学习象棋的基础。本单元重点学习实用残局，读者朋友们应掌握在何种情况下可以简化局势进入例胜、例和或继续维持复杂局面。无论是例胜、例和或维持复杂局面都需要掌握残局技巧，否则劣势无法求和，胜势无法赢棋，甚至因胡乱兑子而造成败局。

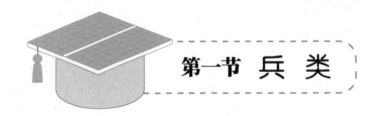

第一节 兵 类

局例一

底兵必和单将。由于红方兵已到黑方底线成为底兵（或称老兵），失去了部分战斗力，对黑方将构不成致命的威胁，黑方将可以在第二、第三横线上自由活动，因此，红方不能取胜。如图141，红方先。

① 帅五进一　将 6 进 1　　　　② 兵五平四　将 6 退 1

③ 兵四平三　将 6 进 1　　和棋

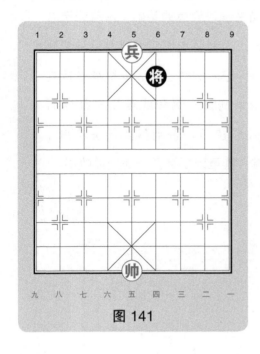

图 141

图 142

局例二

低兵必胜单将。如图142，红方先。

① 兵二平三　　将 5 进 1　　　　② 帅六进一　　将 5 进 1

③ 兵三平四　　将 5 平 6　　　　④ 兵四平五　　将 6 平 5

⑤ 兵五平六　　将 5 平 6

红方低兵渐渐向自己有帅的一侧靠拢，再用帅掩护兵，强迫黑方将离开中线，进而帅占据中路。

⑥ 帅六平五　　将 6 退 1　　　　⑦ 兵六平五　　将 6 退 1

⑧ 帅五退一　　红胜

最后红方退帅，利用等着，使黑方无棋可走，红方胜。

局 例 三

单兵例和单士。在通常情况下，单兵难胜单士。如图143，红方先。

① 兵五进一　　士 5 退 4

② 帅五平四　　士 4 进 5

③ 帅四进一　　士 5 退 6

黑方士必须与红方帅同侧，方能守和。如误走士5退4，则兵五平六！形成单兵巧胜单士，见局例四。

④ 兵五平六　　将 5 平 4

正确之着！黑方如误走士6进5，则兵六进一，红方胜定。

⑤ 帅四平五　　士 6 进 5

⑥ 兵六平五　　士 5 退 6

⑦ 兵五平四　　士 6 进 5

⑧ 兵四进一　　士 5 进 6　　和棋

图 143

局 例 四

单兵巧胜单士。正常情况下，单士对单兵的结局是和棋（如上局），其关键是将士配合守住九宫心，否则士被捉死或被困毙。如图144，红方先。

① 帅五平四

红方出帅控制黑方将，形成左兵右帅的钳形攻势，这是兵（卒）类残局取胜的重要方法。

① ………… 将6进1

黑方如改走将6平5，则帅四进一，士6退5，帅四平五，红方吃士后必胜。

② 帅四进一！ 将6退1

③ 兵六平五 红胜

局例五

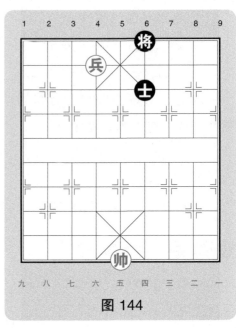

图 144

单兵巧胜单士。如图145，红方先。

① 兵四进一

红方如误走兵四平五，则士6进5，兵五进一，士5退4！和棋。其着法详见局例三。

① ………… 士6进5

黑方如改走将5进1，则帅六进一！将5退1，兵四进一，士6进5，帅六平五，红方胜。

② 兵四进一 士5进4

③ 帅六进一！ 将5平4

黑方如改走士4退5，则帅六平五，红方吃士后必胜。

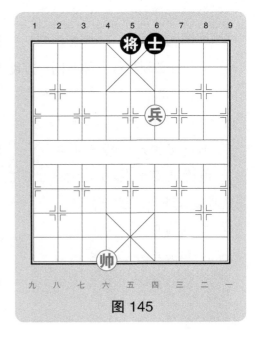

图 145

④ 兵四平五

黑方困毙，红方胜。

局例六

单兵仕巧胜单士。如图146，红方先。

红方有一中仕可以遮住帅。如黑方先行，出将即和。如红方先行，即可形成右兵左帅的控制局面。着法如下。

① 兵五进一　士5退4
② 兵五平四　士4进5

图 146

黑方如改走将5进1，则帅五平六，将5退1，兵四进一，士4进5，仕五退四，士5进4，帅六进一，将5平4（如改走士4退5，帅六平五，红方吃士），兵四平五，红方胜。黑方如改走将5平6，则帅五平四，将6平5（如改走士4进5，兵四进一，将6平5，帅四平五，士5退6，帅五平六，士6进5，仕五退四，士5退6，帅六进一！士6进5，帅六平五，将5平4，兵四平五，红方胜），兵四进一，士4进5，帅四平五，士5退6，帅五平六，士6进5，仕五退四，士5进4，帅六进一，将5平4，兵四平五，红方胜。

③ 兵四进一　士5进6　　④ 帅五平六　士6退5
⑤ 仕五进四　士5进4　　⑥ 帅六进一　士4退5
⑦ 帅六平五　红方得士胜定

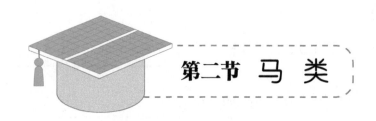

第二节 马 类

马和炮相比较，各有所长。马因走法较为灵巧，且活动范围较大，在没有蹩腿时，可以同时控制8个点位，所以有"八面威风"的说法。马在中局和残局阶段，随着局势的变化威力有所增加。但马也有它的弱点：最忌"蹩马腿"，而且每到边角，不但威力减小，也极容易受到对方的攻击。所以在用马的时候，要扬长避短，以充分发挥它的威力。

局例 一

一方可以单马取胜对方单士，取胜的次序是"先捉士，后擒王"。这一局例，就是"先捉士"的固定方法。我们不但要牢牢记住，更要理解其中的道理，这样碰到类似的局面时才能运用自如，而不致循环反复，束手无策。

如图147，红方先。

① 马四退五　将 4 进 1

黑方如改走将4退1，则马五进七打将吃士，红胜。

② 马五进三　士 5 进 6

③ 马三退四　士 6 退 5

黑方如改走将4退1，则马四进六吃士，必胜。

④ 马四进六

正确！这是红方取胜的第一个关键点。

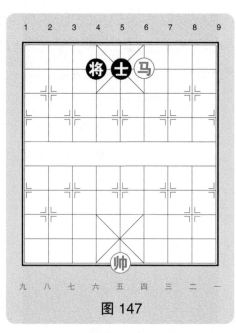

图 147

④ …………… 士 5 退 6　　　　⑤ 马六进八

控制黑将，这是取胜的第二个关键点。

⑤ …………… 士 6 进 5　　　　⑥ 马八进七

底线将军吃士，这是取胜的第三个关键点。

⑥ …………… 将 4 退 1　　　　⑦ 马七退五　将 4 退 1

⑧ 马五退七　将 4 进 1　　　　⑨ 马七进八　将 4 进 1

⑩ 帅五进一　红胜

局 例 二

如图148，红方先。黑方将在左象在右，将和象分布在左右两边，是和棋的形势。

① 马四进六　象 3 退 5

② 马六进八　象 5 进 3

③ 帅五进一　将 6 退 1

黑方如改走将6进1，则马八退六，象3退5，马六退五，将6退1，马五进三将军吃象，红方胜。

④ 马八进六　象 3 退 1

⑤ 马六退五　将 6 进 1

⑥ 马五退七　象 1 进 3

双方和棋。

图 148

⑦ 马七进八　将 6 退 1

局 例 三

我们再来看看将和象同在一边会是什么情况。如图149，红方先。将和象在同侧，而且马可以控制中象位，使得象飞不到中路，也就达不到转移的目的，黑方无法求和。

① 马一进三　将 4 退 1　　　　② 帅五进一　将 4 进 1

③马三进二　将 4 退 1

④马二进四　象 3 退 1

⑤马四退三　象 1 进 3

⑥马三退四　将 4 进 1

⑦马四退六　将 4 退 1

⑧马六进七　红方得象胜

局例四

马对单卒（兵），有两种情况：一种是卒（兵）已过河，且离马较远，马不能同时控制将（帅）、卒（兵），成为和局；另一种是卒（兵）尚未过河，马能及时赶到，控制卒（兵）渡河，还有取胜之机，但如果马不能同时控制将（帅）、卒（兵），则也成和局。如图150，红方先。

①马九退七　卒 5 进 1

②马七进八　将 4 平 5

黑方如改走将4进1，则马八退六，将4平5，马六退七，卒5进1，马七进六，再马六退四吃卒，红胜。

③帅五平四　将 5 进 1

黑方如将5退1，则马八退六，将5平4，帅四平五，将4进1，马六进四吃卒，红胜。

④马八退六　将 5 平 4

⑥马六退七　卒 5 进 1

⑧马六退四　红方得卒胜

图 149

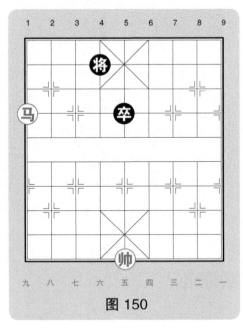

图 150

⑤帅四平五　将 4 平 5

⑦马七进六　卒 5 进 1

局 例 五

单马对双士，通常为和局。如图151，红方先。

① 马七进五　　将 6 平 5

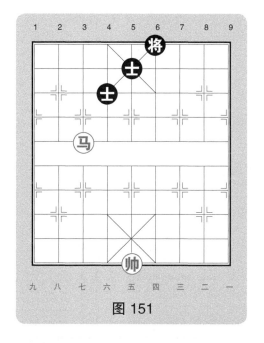

图 151

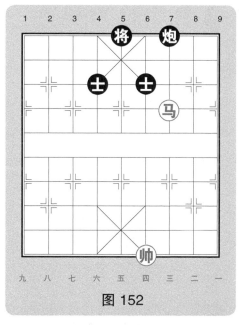

图 152

局 例 六

单马巧和炮双士。如图152，红方先。在对方已扬士露将的情况下，红方只有用马"钉"住黑炮才能守和。

① 马三进二　　炮 7 进 1　　　　② 马二退三　　将 5 进 1

③ 帅四进一　　和棋

红方马能控制住黑方炮要将军的位置，所以巧妙守和。

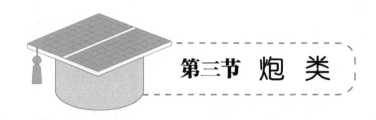

第三节 炮 类

局例一

炮单仕必胜双士。取胜的要领：①以帅占中，仕置于对方无士的一侧；②再用等着迫使黑方将走向它自己无士的一侧，然后架上宫心炮；③最后造成以炮牵制将、士的局面，即可破士胜。如图153，红方先。

① 仕六退五　将6平5　　② 仕五进四　将5平4

③ 炮二平四　将4平5　　④ 炮四平六　将5平6

⑤ 炮六平五　士5进6　　⑥ 炮五平四　士4退5

⑦ 炮四退一　将6平5　　⑧ 炮四进七　得士胜定

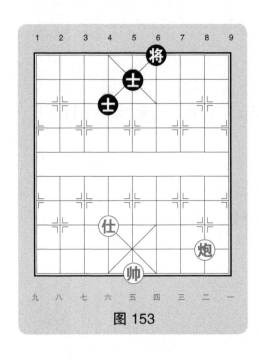

图153

图154

局例二

炮单仕必胜单象。只要红帅占中，黑方的孤象难保。如图154，红方先。

① 仕五进六　将 4 进 1　　② 炮一平五　将 4 平 5

③ 炮五进七　吃象必胜

局例三

单兵巧和炮单士。当黑方炮被红方帅拴住时，不管黑方士的位置如何，只要红方兵能及时占据士角，总能守和。如果黑方炮没有被红帅拴住，一般黑方可取胜。如图155，红方先。

图 155

① 帅五进一　炮 5 退 2

② 帅五进一

正确之着！红方如改走兵六平七，则将5进1！帅五退一，士6退5，兵七进一，将5平6，兵七平六，士5进4，帅五进一，炮5平7，帅五退一，炮7退4，帅五进一，将6退1，兵六进一，士4退5，兵六平五，炮7进1，帅五进一，炮7平5，黑方吃兵必胜。

② …………　炮 5 进 1　　③ 帅五退一　炮 5 进 1

④ 帅五退一　炮 5 进 1　　⑤ 兵六平七

当帅拴住黑方炮时，只要红帅能上下移动，就必须上下动帅（不可出帅），只有在帅被黑方炮顶住不能动时，才能平兵走闲着。

⑤ …………　将 5 进 1　　⑥ 兵七平六

关键一着！否则黑方士6退5，红方兵将被打死。

⑥ …………　将 5 退 1　　⑦ 兵六平七　和棋

局例四

炮单仕相巧胜单士象。如果黑方的将和士保持密切联系，互相配合，随时注意红方帅、仕、相和炮的活动，不受其牵制，红方便无机可乘，终可成为和棋。但红方如能借助帅力摧毁黑方的士或象，红方即为胜局。如图156，红方先。

① 炮九平四　将 6 平 5　　　　　② 炮四平五

红方必能吃士，形成炮单仕相必胜单象的局面。

图 156

图 157

局例五

单士象巧和炮单仕相。如图157，红方先。

① 炮三平二　将 5 平 6　　　　　② 炮二退八　士 5 进 6

黑方如改走将6进1，则炮二平五，黑方必丢象或士，红方胜。

③ 炮二平四　将 6 进 1　　　　　④ 仕四退五　士 6 退 5

⑤ 炮四平五　象 5 进 3

黑方如改走士5进6，则帅五平四，象5进3，炮五平四，红方得士胜。

⑥仕五进六　士 5 进 4　　　　⑦相三退一　象 3 退 1

⑧仕六退五　士 4 退 5

黑方如改走象1进3，则仕五进四，士4退5，炮五进八，红方得士胜。

⑨仕五进四　士 5 进 6　　　　⑩炮五平四　象 1 进 3　和棋

局 例 六

炮单士象对单兵。单兵能否守和是一个比较复杂的残局问题（如对方是炮双象士则无守和希望），需要掌握以下几个守和要点：①过河兵控制士角，将在顶端进入中路时，用兵把将驱赶走；②将在顶端，炮士象三子在中时，帅兵不平中，将不在顶端，炮士象三子在中，必须平兵；③只有一炮在中，也立即平兵。

高兵巧和炮单士象。如图158，红方先。

①帅四进一

兵在帅前可避免黑方朝帅的方向支士。切忌兵四平三，否则炮5平6，黑方有取胜的机会。

①　…………　士 5 退 4

②兵四平五

红方绝不可帅四退一，否则会演变成黑方胜的基本形式。

②　…………　将 4 平 5

③兵五平六

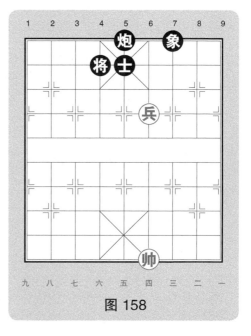

图 158

兵、士同侧，红方可以和棋。若兵五平四，则成黑方胜的棋局。

③　…………　将 5 进 1

黑方若象7进5，红方可兵六平五进行牵制。

④帅四退一　士 4 进 5　　　　⑤兵六平五　将 5 平 4

⑥兵五平四　将 4 平 5　　　　⑦兵四平五

此时，红方必须平兵照将，以驱赶黑将。

⑦ ………… 将 5 平 4　　　　⑧ 兵五平四　象 7 进 5

⑨ 帅四进一

黑方将在顶端，炮、士、象在中线排成竖行，红方帅走闲着，是唯一的正确走法。如改走兵四平五，士5进6，兵五平六，将6退1，黑方胜。

⑨ ………… 将 4 退 1　　　　⑩ 兵四平五　象 5 进 3

⑪ 兵五平四　炮 5 平 6　　　　⑫ 帅四平五

黑方低将，士在中，炮打帅，红方进帅而保留四路兵牵制黑方士是唯一的正确走法。

⑫ ………… 炮 6 平 5　　　　⑬ 帅五平四　士 5 进 4

⑭ 兵四平五

黑方低将，士在角，炮居中，红方不可让黑方有机会走象3退5。

⑭ ………… 士 4 退 5　　　　⑮ 兵五平四

此时不可兵五平六，兵一定要在帅前。

⑮ ………… 炮 5 平 6　　　　⑯ 帅四平五　象 3 退 5

⑰ 兵四平五

红方只能兵平中路进行牵制。如改走帅五进一，则士5进4，黑方有胜机。

⑱ ………… 炮 6 平 5

⑲ 帅五平四

至此，由于红方熟悉单兵守和炮单士象的规律，使黑方炮无法借士象的攻势捉死红方兵或构成杀局，终成和局。

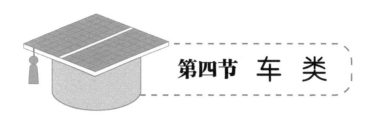

第四节 车 类

局 例 一

单车必胜双士。如图159，先用车把黑士逼到将头，以帅牵制，再以车攻击另一士而擒之。

① 车五平七　将 5 平 6

黑方如将5平4，则车七进五，将4进1，帅五平六，士5进6，车七退二，将4平5，车七平六，红方吃士胜。

② 车七平三　士 5 进 6

黑方如将6进1，则车三平四，士5进6，帅五平四，士4退5，车四平三，士5进4，车三进三，将6平5，车三平四，红方吃士胜。

图 159

③ 车三进五　将 6 进 1

黑方如改走士4退5，则车三退一，将6退1，车三平五，黑方也是徒劳。

④ 帅五平四　将 6 平 5

⑤ 车三退二　将 5 平 4

⑥ 车三平四　红得士胜定

局 例 二

单车必胜单缺象。如图160，红方先。红方应先吃掉孤立无援的黑方单象，再吃士可胜。

① 车七平五　象 5 进 3

黑方如走象5退7，则车五平三，象7进5，车三进一，红方必得士、象，可胜。黑方如走象5退3，则车五平二，象3进5，车二进三，士5退6，车二退二，红方吃象胜。

②车五退一　象 3 退 1　　　　③车五平九　象 1 退 3

④车九进四　红得象胜定

图 160

图 161

局例三

　　单车必胜单缺士。如图161，红方先。红方先将黑士牵制在底线，再借帅力吃掉士，形成单车必胜双象的形式。

①车五平八　象 5 退 3　　　　②车八进二　象 7 进 5

③帅五进一　士 5 退 6　　　　④车八平二　象 3 进 1

⑤车二进一　象 1 退 3　　　　⑥帅五平四　将 5 进 1

⑦车二平四　象 3 进 1　　　　⑧帅四平五　象 1 进 3

⑨车四平九　将 5 平 6　　　　⑩车九平五　象 5 进 7

⑪车五退四　象 7 退 5　　　　⑫车五平四　将 6 平 5

⑬车四平七　红得象胜定

局例四

单车必胜炮单士象。如图162，红方先。红方帅占中，以各个击破的战术，用车破对方士、象。

① 车一平三　炮 4 退 2

② 车三平五　炮 4 进 2

③ 车五进四　将 5 平 6

④ 车五进一　将 6 进 1

⑤ 车五平三

以后再车三平四，红方胜。

局例五

炮双士例和单车。如图163，红方先。黑方底联士，炮占士角，形成"炮三士"的棋形，走炮或将而不动士，将不平中就不会输棋。

① 帅六进一　将 4 进 1

② 车七进三　炮 4 进 1　和棋

局例六

如图164，红方先。黑方炮守在将下方的士角形成"炮三士"的局面，需行炮、将而不动士，才能守和。

① 车七进一　将 4 退 1

② 帅五进一　将 4 进 1

③ 车七退二　将 4 退 1

⑤ 帅五平四　炮 5 平 4　和棋

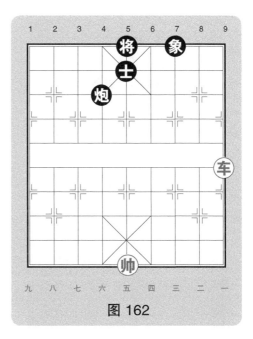

图 162

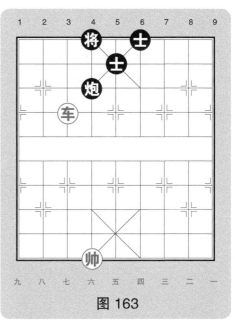

图 163

④ 帅五退一　炮 4 平 5

图 164

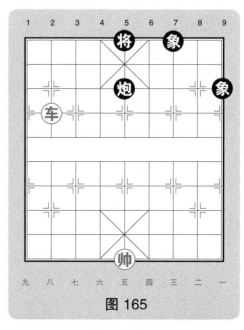

图 165

局例七

　　炮双象例和单车。如图165，红方先。黑方炮在中象位，形成"炮三象"的局面，用将走闲着，如将被迫不能动时，用炮走闲着，即可守和。

　　①车八进三　将5进1　　　　　②车八平六　炮5进1　和棋

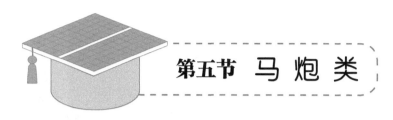

第五节 马 炮 类

局例一

马炮必胜士象全。红方不要用马、炮兑黑方士、象，要用马、炮、帅联攻，采用各个击破的方法，摧毁其士、象防御，即可取胜。如图166，红方先。

① 马七退五　　象 7 退 9

② 炮九平四

准备马后炮杀。

②　………　　将 6 平 5

③ 炮四平五　　象 9 退 7

黑方如改走将5平6，则马五进三，象5进7，马三进二，将6进1，炮五平九，士5退4，炮九进三，士4退5（如改走象7退5，则红方退马照将吃象），马二退三，将6进1，炮九退一，士5进4，炮九平一，再进马杀，红胜。

④ 帅五平四

红方平帅抢占要道，使将的活动空间更小。

④　………　　将 5 平 4　　　　⑤ 马五进七　　士 5 退 6

⑥ 马七进八　　将 4 进 1　　　　⑦ 炮五平六　　将 4 平 5

黑方如改走退士，则炮六平九，成为马后炮杀。

⑧ 马八退六　　象 7 进 9　　　　⑨ 帅四进一　　象 9 退 7

⑩ 炮六退六　　象 7 进 9　　　　⑪ 炮六平四　　将 5 平 4

⑫ 马六进八　　象 9 进 7

图 166

黑方如改走进一步士，则炮四平九成为马后炮杀。

⑬炮四进九　红得士胜定

局例二

如图167，红方先。

①炮八平四　将6平5

②帅五平四　象5退3

黑方如改走象5退7，则炮四平五，士5退6，马二进四，将5进1，马四进三。

③炮四平七

炮打象的同时伏有马二进三的杀势，红方必胜。

③…………　士5退6

④炮七进七　红得象胜定

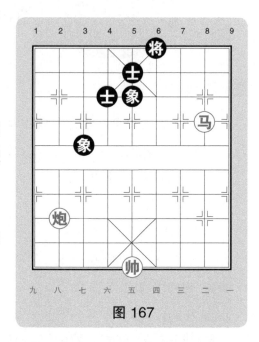

图167

局例三

如图168，红方先。

①马四进六　象5退3

黑方另有两种着法如下：如马6进8，则炮四平三要杀，红方必得黑方马而获胜；或改走马6退8，则炮四平五，马8进6，炮五退二，将5平6，炮五平四，马6进8，马六退四，马8退6，马四进五，红方吃象必胜。

②马六进七　马6退4

③炮四平八　士5进4

黑方另有两种着法：如象3退

图168

5，则炮八平五，象3进1，马七退九，红方胜；或改走士5进6，则炮八进二，将5进1，相七退五，以后帅五平六，红方吃马必胜。

④ 炮八平五　象 3 退 1　　　⑤ 炮五退五　象 1 进 3

⑥ 马七退八　红得士胜定

局例四

如图169，红方先。这是一种在实践中应用比较广泛的胜法。

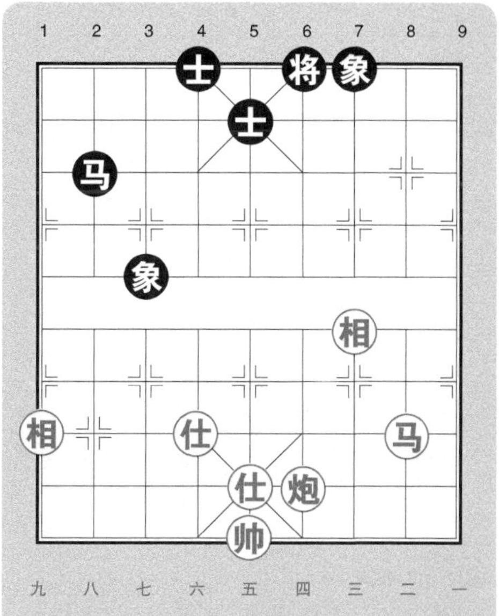

① 马二进一　马 2 进 4

黑方如改走象7进5，则马一进二，马2进4，马二退四，马4退6，马四进五，红方吃象必胜。

② 马一进二　将 6 进 1

黑方如改走将6平5，则仕五进四，露帅助攻。黑方既不能马4退6，又无法解除红方马二进三的杀着，红方胜。

③ 马二进三　象 3 退 1

图169

黑方如将6退1，则马三退四，将6平5，仕五进四，马4退6，马四进六，将5平6，马六退七，红方吃象必胜。

④ 马三退四　马 4 进 6　　　⑤ 仕五进四　马 6 进 7

⑥ 马四进二　红胜

局例五

马炮仕相全和炮士象全。如图170，红方先。

① 炮九平六　将 5 平 4　　　② 炮六平二　炮 4 进 1

③ 炮二进八　炮 4 退 1　　　④ 马七退八　炮 4 平 2

⑤ 马八退六　象 5 进 7　　　⑥ 马六进四　炮 2 平 4

⑦马四进二　象7退5

双方和棋。红方如改走马四进五吃士，则将4平5，黑方控制住红方马，和棋。

图 170

图 171

局 例 六

如图171，红方先。黑方将士象位置正常，黑炮打掩护，拦兑红方子力，红方马炮无法取胜。

①马三进五　炮8平6　　　②炮三平五　将5平4

③相五进三　炮6退1

黑方的目的是士5进6照将后，炮6平5打双兑子，促成和棋。

④帅四平五　炮6进1　　　⑤仕五进四　炮6退1

⑥炮五退二　炮6退1　　　⑦马五退六　炮6进1

⑧马六退七　将4平5　　　⑨马七进五　炮6退1

⑩马五进四　炮6进2　　　⑪相七退九　象7退9

⑫马四退六　象9退7　　　⑬马六进八　将5平4

⑭炮五平二　炮6平8　　　⑮帅五平四　将4平5

双方和棋。

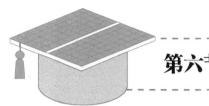

第六节 车双兵类

局例一

车双兵和车士象全。如图172，红方先。

黑方车要在三路线上保护士象的安全并用车走闲着，方能守和。

① 车八平四　　将 6 平 5

黑方如改走车7平6，则车四平三，象7进5，兵二平三，以后车三平八，黑方难以守和。

② 车四进二

红方如改走车四平八，则将5平6，车八进二，车7平5，帅五平六，车5平7，兵六平五，士4退5，车八平五，车7平4，帅六平五，车4平5，兑车必和。

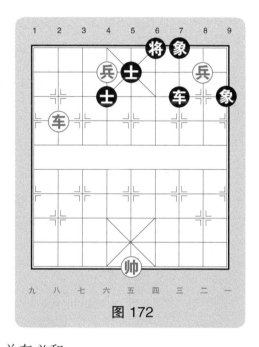

图 172

② …………	车 7 平 5	③ 帅五平六	车 5 平 7
④ 兵二平三	车 7 进 7	⑤ 帅六进一	车 7 退 7
⑥ 帅六平五	车 7 平 5	⑦ 帅五平六	车 5 平 7
⑧ 车四退二	车 7 退 1	⑨ 车四平八	将 5 平 6

双方和棋。

局例二

车双兵仕相全和车士象全。黑方车要在第三路线上，象不可以中路相联，否则车不能照顾两边士角，容易发生危险，同时要注意飞象走闲着。如图173，红方先。

① 兵三进一　象 7 进 9
② 兵三平四　车 3 平 6
③ 车三进四　车 6 平 3
④ 车三平二　象 9 进 7
⑤ 仕五退六　象 3 退 1
⑥ 相五进七　车 3 平 5
⑦ 仕六进五

图 173

红方如改走帅五平四，则将5平4，兵八平七，车5平3，兵四平五（如改走兵四进一，则车3退1，兵四平五，将4进1，和棋），车3平6，帅四平五，车6平5，帅五平四，车5退1，车二进一，车5平6，帅四平五，象7退5，和棋。

⑦ …………　车 5 平 3　　　⑧ 车二退二　车 3 平 6
⑨ 兵四平三　车 6 平 3

至此，红方左兵无法向九宫靠拢，和棋。

局例 三

如图174，红方先。

① 车二进八　车 6 平 4　　　② 相五退七　车 4 平 5
③ 帅五平四　车 5 平 6

黑方如改走将5平4，则兵四进一，士5退6，兵七平六，将4平5，车二平四，士6进5，兵六平五，再车四进一，红胜。

④ 帅四平五　象 7 退 5

黑方如改走将5平4，车二退二，车6退1，车二平八，象7退5，车八进二，将4平5，兵七平六，士5退4，兵六进一，红方吃车必胜。

124

⑤ 兵七平六

红方如改走兵四平五，士6进5，兵七平六，士5退6，车二退二，车6退1，车二平六，士6进5，车六平八，士5退4，车八进二，将5平6，和棋。

⑤ ………… 士 5 进 4   ⑥ 相七进九   象 1 进 3

双方和棋。

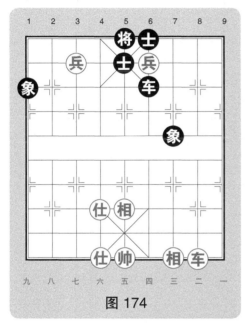

图 174

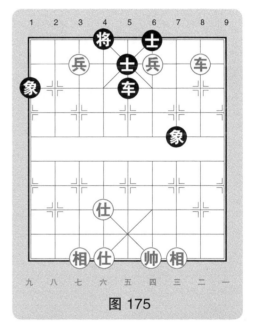

图 175

局 例 四

车双兵仕相全巧胜车士象全。如图175，红方先。

① 兵四进一   士 5 退 6

黑方如改走车5平6，则帅四平五，车6退2，车二平五，红方胜。

② 兵七平六   将 4 平 5   ③ 车二平四   士 6 进 5

④ 兵六平五   车 5 退 1   ⑤ 车四进一   红胜

局 例 五

如图176，红方先。

①车二退二 车6退1

黑方如改走车6平5，则相三进五，车5平4，兵四平五，红方破士胜定。

②车二平八 象7退5

③车八进二 将4平5

黑方如改走士5进4，则兵七平六，再车八进一。

④兵七平六 士5退4

⑤兵六进一 红方抽车胜定

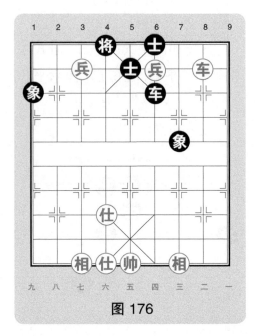

图176

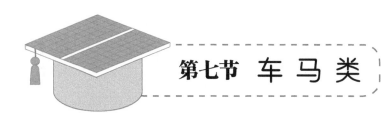

第七节 车马类

局例一

车、马无仕相难胜车双士，因为红方后防空虚，不能破士而胜，终成和棋。

如图177，红方先。

① 帅四平五　车6平5

② 帅五平六　车5平6

③ 车七平五　车6平7

④ 帅六平五　车7平6　和棋

局例二

如图178，红方先。

① 马八进六　将5平6

② 车五平三　车6平5

黑方先照将，将红方帅赶离中路，再拦马，这是立于不败之地的关键着法。

③ 帅五平六　车5平4　　④ 车三平四　将6平5

⑤ 帅六平五　车4平5　　⑥ 帅五平四　车5平4

⑦ 车四平三　士5退6　　⑧ 车三平四　士4进5

双方和棋。

图 177

图 178

图 179

局 例 三

车马巧胜车双士。如图179，红方先。黑方车双士由于位置不好，红方有可乘之机，运用"车马冷着"，即通过车与马的相互配合，突发攻势，可以取胜。

①马二退三　将 6 退 1　　　②车六平七　士 5 退 4

③车七进一　车 8 退 2

黑方如改走车8平6，马三进二，将6进1，车七进一，士6退5，车七退二，车6平5，帅五平六，车5平8，车七平四，士5进6，马二退四，士4进5，马四退六，士5进6，车四进一，红方胜。

④马三退五

黑方有将6进1和将6平5两种走法。

第一种：将6进1。

④…………　将 6 进 1

⑤车七退一　士 4 进 5

黑方如改走士6退5，车七平四，士5进6，马五进六，将6退1，车四平三，红方胜；或改走车8退2，马五进四，车8平5，帅五平六，车5进2，马四退三，红方胜。

　⑥ 车七进二　　车 8 进 7　　　　　⑦ 帅五进一　　车 8 平 4

　⑧ 马五进三　　将 6 退 1　　　　　⑨ 马三进二　　将 6 进 1

　⑩ 车七退二　　车 4 退 3　　　　　⑪ 车七平三　　红胜

第二种：将6平5。

　④ …………　　将 6 平 5　　　　　⑤ 帅五平四

红方如改走车七平五，士4进5，车五平七，士5退4，红方无良策。

　⑤ …………　　车 8 进 7

黑方如改走士4进5，车七进二，士5退4，马五进六，将5进1，车七平六，车8进3，车六平五，红方必胜；或改走将5平6，车七平五，士4进5，车五进一，车8进2，车五退一，红方必胜；或改走车8进2，马五进四，将5平6，帅四平五，士4进5，马四进三，红方必胜。

　⑥ 帅四进一　　士 6 退 5　　　　　⑦ 车七平五　　车 8 平 4

　⑧ 车五平二　　士 5 退 6　　　　　⑨ 马五进六　　将 5 进 1

　⑩ 车二进一　　将 5 进 1　　　　　⑪ 马六进八　　车 4 退 6

　⑫ 车二退一　　将 5 退 1　　　　　⑬ 车二平四　　红胜

局 例 四

车马双相胜车双士。如图180，红方先。车马双相，无后顾之忧，可以全力进攻，一举获胜。

　① 马三退四　　车 4 进 2

黑方如改走车4进3，则相七进五，车4退1，车五平七，车4进1，车七进三，将4进1，车七退四，车4退2，马四退六，士5退4，车七进三，将4退1，车七进一，将4进1，马六退八，车4平2，马八退六，士4退5，马六进五，士5进4，车七退一！将4退1，马五进四，红方胜。

　② 车五平七　　车 4 平 5　　　　　③ 相三进五　　车 5 平 6

黑方如改走车5平7，则马四退五，车7平2，马五进七，车2退4，车七平六，将4平5，相五进七，车2平4，马七进六，车4进1，帅五进一，将

5平4，马六进八，红方胜。

④ 相七进九　士 5 进 6

黑方如改走车6进2，则马四退六，车6退4，车七进三，将4进1，马六进七，车6平4，马七进八！车4平2，车七平四，将4进1，车四平三，将4平5，马八退六，车2平4，车三退二，士5进6，车三平四，红方胜。

⑤ 车七平六　将 4 平 5

⑥ 马四进六　将 5 进 1

⑦ 车六平五　将 5 平 4

⑧ 相五进七　士 6 进 5

⑩ 车五平七　车 4 平 5

⑫ 车七进二　将 4 退 1

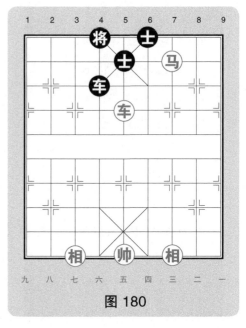

图 180

⑨ 马六进八　车 6 平 4

⑪ 帅五平四　车 5 平 2

⑬ 车七平五　红胜

局 例 五

如图181，红方先。

① 马三退五　象 5 进 3

② 马五进七　车 7 平 3

③ 车五进一　将 4 进 1

④ 车五平七　红方得车胜定

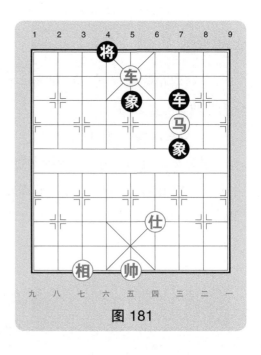

图 181

第四单元

中局战术技巧

本单元重点

在象棋中局的对弈中，我们经常会遇到"一着不慎，满盘皆输"的情况，其原因一定是没有掌握好中局的技巧。本单元重点介绍中局运子、兑子、弃子和先弃后取等技巧，希望读者朋友们认真学习和研究，不断提高自己的中局水平。

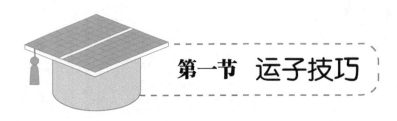

第一节 运子技巧

在实战对局中，读者朋友们对于棋局形势的认识与把握能力，对棋局进展有着举足轻重的作用。能否巧妙的运子，寻找正确的攻击方向，使局势朝对己方有利的方向发展，是棋手棋力高低的体现。抓住稍纵即逝的战机，于平淡或复杂的局势中，走出意想不到的妙手，需要准确的局面分析和深远的计算能力。这样才能驾驭棋局的进程，取得全局的胜利。

局例一

如图182，这是第二届BGN世界象棋挑战赛第一轮，胡荣华与谢岿以飞相局开局行棋至第23回合后出现的局面。红方抓住黑方右马位置较差的弱点，运子争先。

㉔ 炮八平六　　车4平2

㉕ 马八进六　　马8退6

红方平炮打车，占肋后进马争先，黑方此着如改走马8进7，则炮六平三，车2平4，马六进四，士5进6，炮三平一，红方占优。

㉖ 兵五进一　　车2平3

㉗ 车七平八　　炮7退2

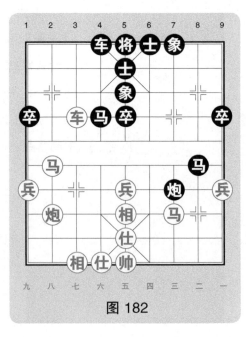

图182

㉘ 马六进四　　士5进6

㉙ 兵五进一　　马4退3

㉚ 车八平七！

红方运子牵制，老练的着法，如改走车八平五，则炮7退1，车五进一，象7进5，马四进六，将5进1，马六进七，象5退3，兵五平四，虽然红方优势，但黑方尚可支撑。

③　…………　马6进7

黑方如改走炮7平5，则车七平五，炮5平3，车五退一，红方胜势。

③　车七退三　马7进9　　　　③　马三进二　马9进7

③　帅五平四　炮7退3　　　　③　车七平三　炮7平6

③　兵五进一　马7进9　　　　③　车三退三

至此，黑方失子、失势，主动认负。

局例二

如图183，这是第23届五羊杯全国象棋冠军赛，王斌对许银川以中炮巡河车对屏风马布局演变而成的中局形势。现在轮到红方走子，着法如下。

⑰　车二平四　车8进6

红方此着平车避兑是战略性错误，应车二进三兑车，之后和棋的希望很大。

⑱　马九进八　车8平7

红方此着如改走马三进五，黑方则走车8平7，马五进六，炮2平4，马六进五，车7平6，马五退六，将5平4，马六进七，马7进5，车四退三，马4进6，炮五进四，马6进7，帅五进一，炮4平8，炮五平二，炮6平8，炮二平四，卒5进1，马七退六，前炮进6，炮四退五，前炮平6，帅五平四，炮8进7，帅四进一，卒7进1，马九进八，卒7平6，马八进七，将4平5，马六进七，将5平6，前马退五，将6平5，马五退三，卒5进1，马七退五，象7进9，黑方胜。

⑲　马八进九　车7平3

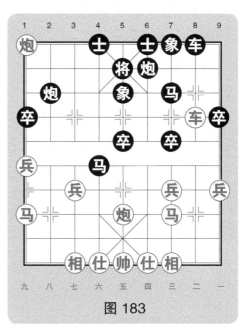

图 183

黑方如改走车7进1，则马九进七，将5平4，车四平六，红胜。

⑳马三进五　卒5进1　　　　　㉑炮五进二　马4退5

㉒马五退六　车3进3　　　　　㉓炮五平二

在黑方决意搏杀的凌厉攻势下，红方出现平炮柔软的着法，此着应改走炮九退二，增加九路马威力，还是复杂的对攻局势，胜负尚难预料。

㉓…………　炮6平9　　　　　㉔炮二进二　马5进4

㉕车四平八　车3退9

黑方退车捉炮对抢主动权，如改走炮2平1，车八进一，红方有攻势。

㉖炮九平六　炮2平3　　　　　㉗炮六退四　炮3进7

㉘仕六进五　马4进6　　　　　㉙仕五进四　将5退1

㉚炮六退二　炮3退6　　　　　㉛马九进八　炮3退2

㉜炮六平五　马6退5

双方攻守十分紧凑，都弈出了较高的水平，黑方此着如误走士6进5，则车八平三，红方占主动。

㉝马八退七　炮3平5　　　　　㉞马七退五　炮5进3

㉟相三进五　炮5退1　　　　　㊱马六进八　炮9平5！

㊲车八平六　马7进6　　　　　㊳炮五进二　前炮进4

㊴马八进六　红方超时判负

最后的形势，黑方有前炮退2，之后有车马炮联合杀着，即使红方不超时，也是黑方胜。

局例三

在攻杀过程中，利用威胁对方将帅生存而得子的技巧，称为借势谋子。

如图184，这是在北京举行的派威电视快棋赛中，吕钦对许银川以仙人指路对卒底炮布局行棋至中局的形势。红方"弃子取势"后形成攻势。现在轮到红方走子，实战着法如下。

㉔车八平七　将5平6

红方平车捉炮，是借势谋子的好棋！如改走车八平六吃马，则炮9平1，黑方先一步要杀。

㉕ 炮五平六　车 2 退 2

红方平炮一着多用！既打马又吃炮，还暗藏车七进一带将吃马的手段，迫使黑方车退守。

㉖ 兵九进一

妙着！不给黑方反击的机会，至此，红方夺得优势。

㉖ ………　炮 3 平 2

㉗ 炮六进二　炮 2 进 5

㉘ 炮一平九　炮 9 退 2

红方此着打卒，既消灭了黑方有生力量，又防止黑方平炮反击，是扩大优势的好棋！

㉙ 车七退四　将 6 平 5

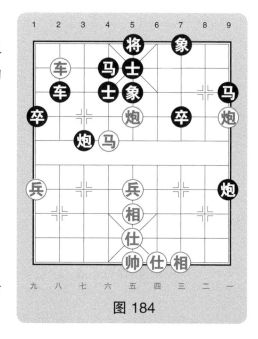

图 184

黑方如改走马9进8，红方则走炮九退一，炮9平4，炮九平二，既抽吃车，又吃炮，黑方速败。

㉚ 炮六平九　马 9 进 8　　㉛ 马六进七　车 2 进 2

㉜ 前炮进一　车 2 平 1　　㉝ 前炮平八　象 5 进 3

㉞ 炮九退一　马 8 退 9　　㉟ 炮九平一　车 1 平 3

㊱ 炮八平三　炮 2 平 1　　㊲ 仕五进六　车 3 平 2

㊳ 车七进一

至此，红方多兵多相，胜势已难动摇，以下从略。

局例四

已故名棋手赵文宣有"常山赵子龙"的美称。如图185是赵文宣执红使用拦截战术取得优势，精彩异常。

① 车六进三　马 2 退 3

红方进车拦炮是运子取势的好棋。如改走车六平四，黑方可士5进

6，又如马三退四，则炮2平6，红方
都难以成势。

②马三退四　士5进6

③马四进二　将6平5

④马二进三　将5退1

⑤马三退四　将5进1

⑥马四进三　将5退1

⑦炮四平二　将5平6

⑧炮二进七　将6进1

⑨车六退六　士4进5

⑩车六平四　士5进6

⑪炮二平八　红胜

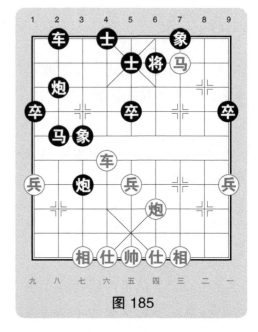

图 185

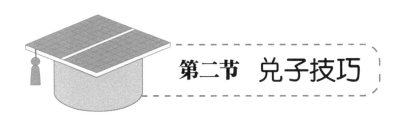

第二节 兑子技巧

兑子战术是在双方子力接触发生冲突时采取的战术手段。兑子前首先需要计算子力交换之后有无损失，若属等价交换，则还要分析兑子后形势的变化，这一点最容易被读者朋友们忽视。常见的兑子战术有兑子取势、兑子求和等。下面我们举例阐述。

局 例 一

如图186，红方先行，着法如下。

① 车五进一

红方弃车吃象是先弃后取的着法（先弃后取是象棋对弈中一种重要的战术，属于间接兑子的一种），也是谋胜的关键，如误走车五平六，则卒3进1杀，红方速败。

① …………　象 3 进 5

黑方如误走士4进5（如士6进5，则马二进四，将5平6，炮七平四杀，红方胜），则马二进三杀，也是红方胜。

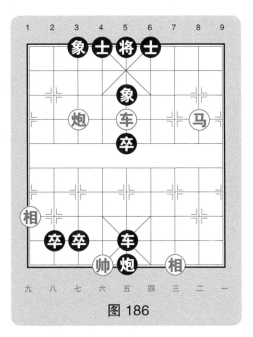

图 186

② 炮七平五　象 5 进 3 　　③ 炮五退五　象 3 退 5

④ 帅六平五　卒 5 进 1 　　⑤ 马二进三

面对黑方中卒渡河，红方必须予以消灭，因高低兵（卒）配合是有攻势的；黑方如不进中卒而改走士6进5，则相三进五，红方也同样捉死黑卒。

⑤ ………… 　将 5 进 1　　　　　⑥ 马三退四　将 5 平 4

⑦ 马四退五

至此，红方净多马炮且黑方低卒无攻击能力，已成红方必胜局面。

此局红方先弃车杀象叫将，逼对方吃车，然后平中炮叫将抽车，再先手吃炮，消灭黑高卒而获胜。

局例二

如图187，红方先行，着法如下。

① 车六平七

红方弃车吃马非常正确，如贪走车六平三，则车5退1，炮一平七，炮3退2，车三平七，卒3平4，黑方车卒形成必胜局面。

① ………… 　炮 3 退 2

黑方如改走车5平8，红方则走车七平三，车8退7，车三进六，士5退6，炮一平五，士4进5，车三平四杀，红方速胜。

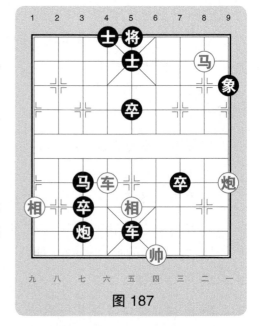

图 187

② 炮一平七　士 5 进 4

③ 炮七平五　士 4 进 5　　　　　④ 炮五退二　卒 3 平 4

⑤ 炮五进五　将 5 平 4　　　　　⑥ 相九进七　卒 7 平 6

⑦ 马二退三　象 9 进 7　　　　　⑧ 马三退五　卒 6 进 1

⑨ 马五进七　士 5 进 6

黑方如卒4进1，马七进八，将4进1，炮五平六，红方获胜。

⑩ 马七退六　士 4 退 5　　　　　⑪ 炮五平六

至此，红方平炮捉死黑4路卒，红方马炮必胜黑方双士单象（6路低卒必被捉死）。

局 例 三

如图188，红方先行，着法如下。

① 马六退五

红方如误走仕六进五，黑方则走将5平4，车一进一，卒6进1，马六退五，卒3平4，炮八平六，车7进1，红方无法解黑方二鬼拍门杀势，必败。

① ………… 卒 5 进 1

黑方如改走将5平4，红方则走马五退四，卒3平4，仕四进五，黑方马被捉死，且车三卒（两卒未过河）无攻击力，必成败局，因为红方多马炮两个大子。

图 188

② 炮八平三

平炮捉车要杀是红方谋胜的关键，这是谋子的巧着，如误走车一进一，则将5平4，黑方优势。

② ………… 将 5 平 4 ③ 炮三退五 卒 3 平 4

④ 车一进一

如仕四进五，则卒6进1，红方得不偿失，因黑方双卒不能形成二鬼拍门杀势，所以不要以仕捉卒。

④ ………… 卒 5 进 1 ⑤ 车一退七 卒 4 进 1

⑥ 帅五进一 卒 6 平 5 ⑦ 相三进五

至此，红方车炮必胜双士3卒（3卒不能构成有效杀势）。

局 例 四

如图189，红方先行，着法如下。

① 车一平二 车 8 进 8

②车九平二　　象 3 进 5

黑方如改走象7进5，红方则走车二进七，马7退6，车二平四，炮9平7，马三进五，车2进4，兵五进一，卒5进1，马五进四，炮7退2，马四进五，象3进5，炮五进五，士5进4，炮三平五杀。

③车二进七　　马 7 退 6

通过兑子，红方已打通右翼车路，取得有利形势。

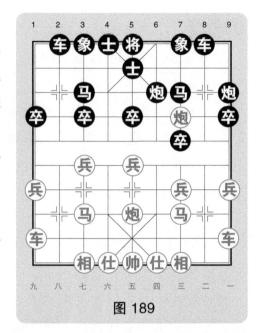

图 189

④马七进六　　车 2 进 4

⑤马六进五　　车 2 平 6

黑方不宜马3进5兑马，否则红方炮五进四后，有炮三平七吃卒的着法。

⑥炮三平七　　车 6 进 3

黑方应改走炮6平7为宜，如红方马五进七，则炮7平3，车二平四，士5进6，黑方还可以抗衡。

⑦车二平四　　车 6 平 7　　　　⑧马五进七

这样兑子对红方有利。至此，黑炮不敢吃马，因红炮可打象再摆重炮杀。

⑧…………　　车 7 退 1　　　　⑨炮七平八　　车 7 平 2

⑩炮八进三　　车 2 退 6

黑方如改走象5退3，红方则走车四平五杀。

⑪马七进八

红方得子必胜，下略。

140

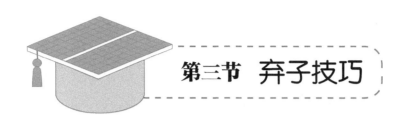

第三节 弃子技巧

对弈之中，一方为了达到某种特殊目的，如为了突破对方的防线，或者是为了争夺主动权，或者是诱敌深入，或者是为了绝杀对方的将（帅），而选择弃掉某个子，有时甚至是弃掉强子。这种弃子战术，是一种组合型战术。往往通过弃子能够给对方造成严重的后果，有时甚至是绝杀。所以，这种弃子战术属于杀伤力强大的战术手段，但重要的是需要以精确严密的计算为基础。

局例一

如图190，这是第3届亚洲杯象棋赛首场比赛余李木对赵国荣行棋至第14回合时的形势。双方以中炮过河车对屏风马平炮兑车布局。现在黑方马被捉，如逃马，红方炮击中卒，大占优势；如升炮保马，则兵七进一，也属红方占优。实战中，黑方进炮弃马，打车攻相，声东击西，侧翼攻杀奏效。双方实战着法如下。

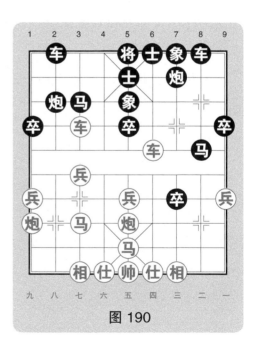

图 190

⑭ ………… 炮 2 进 4

黑方弃子抢攻，夺先佳着。

⑮ 车七进一　炮 2 平 3

⑯ 车七平九　炮 3 进 3

黑方吃相弃炮，引离红马，为侧翼进攻做准备。

⑰ 马五退七　炮7进8

这是弃子抢攻的后续手段。

⑱ 仕四进五　马8进9　　　　　⑲ 炮九平八

红方拦车已无济于事，黑方侧翼车马炮卒已构成强大攻势。应改走炮五进四打卒，或许还有一些对攻机会。

⑲ …………　炮7平9　　　　　⑳ 仕五进四　车8进9

㉑ 帅五进一　车8退1　　　　　㉒ 帅五退一　炮9退1

㉓ 炮五进四　车8进1　　　　　㉔ 帅五进一　马9进8

㉕ 帅五进一　车8平5　　　　　㉖ 仕四退五　卒7进1

再退炮绝杀，黑方胜。

局例二

如图191，这是全国象棋个人赛中许银川对陈寒峰的中局。双方以飞相对过宫炮布局，经过22个回合交手，行棋至如图形势。实战中许银川从边线出击，然后马踏中象，破象取势，多子获胜。实战着法如下。

㉓ 车四平九　炮1平4

红方边线捉炮，攻黑方弱点，逐步扩大优势。

㉔ 车九进二　前炮进2

黑方兑炮并不是一着好棋。

㉕ 马六进五　象3退5

黑方落象吃马，无奈的着法。黑方如改走炮4平7，车九进三，士5退4，车九平六，将5进1，马五退四，必吃回失子，红方占优。

㉖ 炮三平六　车2平5

㉗ 车九进三　炮4退2

㉘ 炮六进六　象5退3

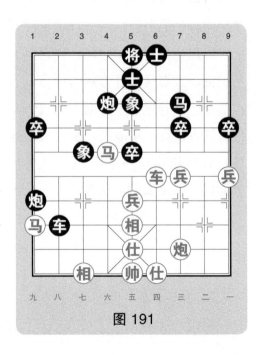

图 191

㉙ 车九平七　车 5 平 2　　　　　㉚ 炮六平九

至此，红方吃去黑方双象，且子力位置好，明显占优。

㉚ ………………　马 7 退 9　　　　　㉛ 炮九平五　士 5 进 4

㉜ 车七退三　将 5 进 1　　　　　㉝ 炮五平四　马 9 进 8

㉞ 车七平五　将 5 平 4　　　　　㉟ 车五平三　马 8 进 9

㊱ 炮四退三　马 9 进 8　　　　　㊲ 炮四平六　将 4 平 5

㊳ 车三平五　将 5 平 6　　　　　㊴ 车五平四　将 6 平 5

㊵ 炮六进五　车 2 平 3　　　　　㊶ 兵三进一

黑方认负。

局 例 三

如图192，选自第27届五羊杯全国象棋冠军赛中赵国荣对赵汝权的对局。双方以五八炮进三兵对屏风马布局。经过15个回合战斗形成如图形势。红方仅多一兵，略占优势，现在轮到红方走棋。如相七进五，黑方车8进3巡河，双方平稳。实战中，红方强行渡兵，扩大先手，一举破城。请看实战着法。

㉗ 兵三进一

红方适时渡兵，控制河口，是扩大优势的佳着。

㉗ …………　马 7 退 5

⑰ 兵三平四　炮 9 平 7

黑方平炮打马，寻找进攻的机会。

⑱ 马七退五　车 8 进 3

⑲ 兵四进一　车 8 平 6

⑳ 兵四平五　车 6 进 4

㉑ 前兵进一　象 7 进 5

㉒ 炮三退二！

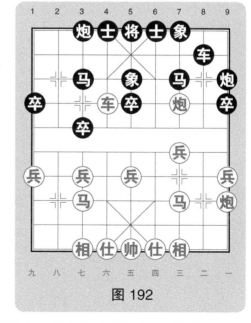

图 192

红方退炮弃马，准备下一着平炮镇中，控制黑方窝心马，妙着！

㉒ ………… 卒3进1

黑方如炮7进5，则炮三平五，炮7退3，马五进六，红方全面控制局势。

㉓ 兵七进一 马3进2 　　㉔ 兵七进一 马2进3

㉕ 马五进六 马3进4 　　㉖ 马六进五 炮3进9

㉗ 仕六进五 车6退4 　　㉘ 马五进六 炮7平4

㉙ 车六进一

黑方认负。

局 例 四

在第六届"嘉周杯"全国象棋特级大师冠军赛上，出现过一个弃车攻杀的妙局。如图193，这是双方走完34个回合后的局面。现在的形势，红方少一马，且红车正在被捉，在这种较困难的情况下，看红方如何扭转乾坤。

㉟ 车五进二！

弃车砍士，惊世骇俗。红方弃车尚不构成杀棋，只是撕裂黑方防线，为以后的进攻打开通道，算度深远。

㉟ ………… 后车平5

㊱ 车六进三 将6进1

㊲ 车六平三 车5退1

黑方被迫献车。如改走象3进5，则兵四进一，将6进1，车三退二，将6退1，车三进一，将6退1，车三平五，黑方失子失势，红方胜。

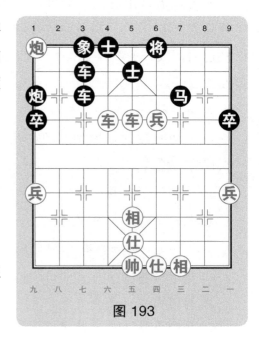

图193

㊳ 车三平五 马7进8

㊴ 车五平六 将6平5 　　㊵ 帅五平六 象3进5

㊶ 车六退一 将5退1 　　㊷ 兵四进一 马8退6

㊸ 车六平八 象5进3 　　㊹ 兵四进一 红胜

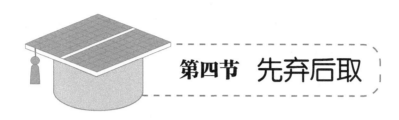

先通过弃子来争取主动，然后在不失主动的情况下再吃回对方一个价值相当的子力来取得物质补偿的手段，称为先弃后取战术。先弃后取战术是弃子战术与谋子战术的综合运用，它充分体现了子力多少与主动权之间的辩证关系，是对弈中打破僵局、寻找战机争取胜利的一种常用的战术手段。

局 例 一

如图194，红方先行，着法如下。

① 车三进一

红方如误走仕五进四，则炮4平6，仕四退五，卒4平5，帅四进一，车5平6，黑方速胜。

① ………… 　将 5 进 1

② 车三平五

红方弃车是谋子的前提，如改走马二退四，则卒4平5，帅四退一，车5平6，黑方胜。

② ………… 　将 5 退 1

黑方如改走将5平4（如将5平

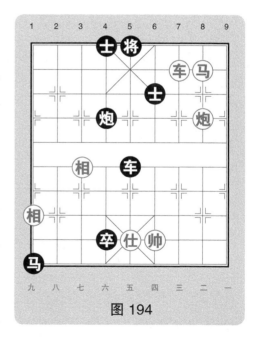

图 194

6，则马二退三杀，红方速胜），红方则走马二退四，车5退3（如将4进1，则炮二进一，车5退3，车五退二，将4退1，车五退一，红方胜），车五退二吃车，黑方成败局。

③ 马二退四　将 5 进 1

黑方如误走将5平6，红方则走炮二平四，形成马后炮杀法，红方速胜。

④马四退六　将5平4　　　　　⑤马六退五　卒4平5

黑方以卒谋单仕是正确的，如改走马1退2，红方则走仕五退四，黑方低卒不能换仕，并被马炮配合捉死，黑方更是速败。

⑥帅四平五

至此，已形成红方马炮双相必胜黑方马单士的局面。

局例二

如图195，这是全国团体赛中，赵庆阁对李来群行棋至第16回合的中局形势。现在轮到红方走子，着法如下。

⑰兵七进一！

进兵吃卒，算好可以先弃后取占优。

⑰…………　炮3进5

⑱马三退五！马2进1

⑲炮七平九！

红方平炮打边马，如愿夺回一子占优。

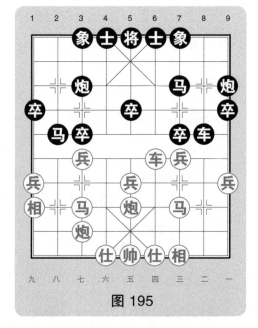

图195

⑲…………　炮3退1　　　⑳炮九进二　象7进5

㉑兵七进一　士6进5　　　㉒炮九平八！

通过先弃后取技巧，红方七路兵渡河占优，此着平炮，准备发动攻势以扩大优势。

㉒…………　炮3平9　　　㉓炮八进四　卒7进1

㉔车四平三　车8平7　　　㉕车三进一　象5进7

㉖炮五平七　士5退6

红方兑车后，乘机运炮攻象，摧毁黑方防线。之后逐步扩大优势后获胜。

㉗ 炮七进七　将5进1　　　　㉘ 炮八进一　马7进6

㉙ 马五进七　象7退5　　　　㉚ 炮七退一　将5退1

㉛ 炮八退二　卒5进1　　　　㉜ 炮八平一　象5退3

㉝ 炮一平五　前炮退3　　　　㉞ 马七进八！　红胜

局例三

如图196，这是"宁波杯"大师赛吕钦执红形成的中局形势，红方虽多兵，但黑方车、象双捉红方双炮，请看红方如何行棋。

① 炮七平一！　车5进1

红方分析了黑方左翼底线的弱点，七路炮打边卒准备先弃后取，黑方吃中炮无可奈何，如改走马6进8，则兵五进一，马8进9，车二进二，红方优势更大。

② 炮一进四　马6退8

③ 车二进六　车5平9

④ 兵一进一　车9退3

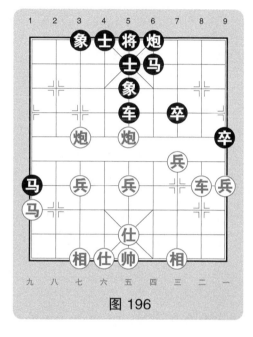

图 196

黑方此着不能走车9进1吃兵，否则红方帅五平四！黑方丢失肋炮速败。至此，红方得回弃子并占有多兵优势。

局例四

如图197，这是全国象棋甲级联赛第二轮，赵国荣对尚威以中炮过河车对屏风马高车保马开局演变成的中局形势。红方采用先弃后取的技巧谋子取胜，实战着法如下。

⑳ 兵五进一　卒5进1　　　　㉑ 马七退五！

红方回马是一着厉害的棋！利用先弃后取的技巧扩大优势，精妙绝伦。

㉑……………… 车4平5

㉒ 车七进一　车5进1

㉓ 车七进二　炮9平4

㉔ 车七进二　后炮退2

㉕ 车七退五　后炮进5

黑方进炮无奈！如改走马6进7，红方则走车七平五，马7退5，炮六进一，黑方丢马速败。

㉖ 炮六平八　象7进5

㉗ 炮八进七　将5平4

㉘ 炮五平六！　士5进4

㉙ 车七退三　将4平5

㉚ 炮六平九　车5退2

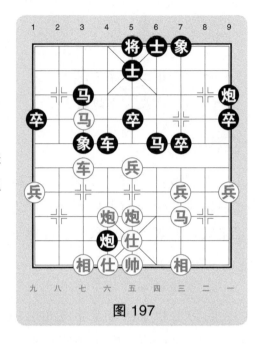

图 197

黑方只好忍痛弃炮，如改走前炮退2，红方则走车七进八，将5进1，车七退一，将5退1，炮九进四绝杀！

㉛ 车七平六　车5平2　　㉜ 炮九平五　炮4平5

㉝ 炮八平九　车2进3

黑方弃士，谋求对攻，如改走士6进5，车六进二，红方多子必胜。

㉞ 车六进四　马6进7　　㉟ 车六进二　马7退6

㊱ 车六退二　马6进7　　㊲ 车六平五　将5平4

㊳ 车五平六　将4平5　　㊴ 炮五进一　士6进5

红方升炮后，下一着相七进五联相，多子呈胜势局面。

第 五 单 元

中局攻击线路

本 单 元 重 点

　　学习选择进攻线路是本单元的重点。象棋到了中局，应仔细观察，认真分析一下形势，看看对方哪里最弱，就集中火力进攻；哪些地方守得严密，就避开。从而创造对己方有利的形势，争取战场上的主动权，最后达到克敌制胜的目的。

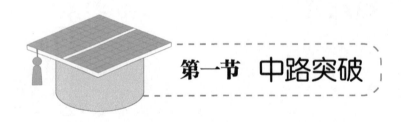

第一节 中路突破

中路处于攻守要隘，在实战中为双方必争之地。实行中路突破战术，一般都用中炮作后盾。集中优势兵力，从中路进攻对方九宫，是克敌制胜的最为有效的战术之一。

局例一

如图198，这是赵国荣与尚威以中炮过河车七路马对屏风马行棋至第10回合后的局面。

⑪ 兵五进一

就当前形势而言，红方挺中兵，采用盘头马从中路突破，是最理想的进攻路线，表明红方大局意识非常强。

⑪ ………… 士4进5

⑫ 兵五进一 马6退8

黑方退马捉车，无奈之着，如改走卒5进1吃兵，红方则走车六进五，炮3进3，车六平四，黑棋必然失子。

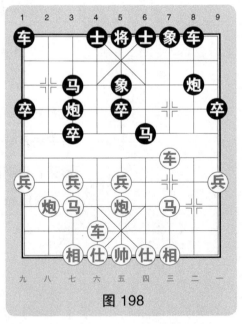

图198

⑬ 车三平八 炮8平7

⑭ 马三进二 卒5进1

⑮ 车六进五 炮3进3

⑯ 马七进五 马8退6

黑方退马，加强防范。如改走卒5进1，红方则走车八平五，车1平2，炮八平六，马8退6，马二进四，马6进7，车六平三，炮7平9，车五进三！红方有弃车强攻的凶着，黑方难以应付。

⑰ 车六平三　炮 7 平 9　　⑱ 炮五平二

红方卸炮轰车，转移进攻方向，是灵活有力的一击。

⑱ …………　炮 9 平 8　　⑲ 马二进一　炮 8 平 9

⑳ 马一退二　炮 9 平 8　　㉑ 马二进四　炮 8 平 9

㉒ 炮二平四

红方平炮胁马，为攻击黑方中路扫清障碍。

㉒ …………　马 6 进 7　　㉓ 炮八平五　马 7 进 8

黑方进马捉炮，弄巧成拙，应改走马7进6，保护中卒，才是正确的着法。

㉔ 炮四进七！

红方炮轰底士，石破天惊，出乎黑方所料，红方由此发起了猛烈的攻击，迅速取胜。

㉔ …………　士 5 退 6　　㉕ 炮五进三　士 6 进 5

㉖ 车八平二　马 8 进 6　　㉗ 马五退四　车 8 平 9

㉘ 前马进二　将 5 平 4

黑方出将是无奈的着法，如改走炮9平8，则车三进三，车9平7，马二进四，红方速胜。

㉙ 车三平六　士 5 进 4　　㉚ 马二进四　象 5 退 3

㉛ 车二进四

以下黑方如接走车1进1，则车二平九，马3退1，炮五平六绝杀，红方胜。

局例二

如图199，这是李义庭与胡荣华以中炮盘头马对屏风马行棋至第16回合的局面。红方炮镇中路，双车占据四、六路要道，中兵已渡河助战，红方仍占主动，但黑炮已进红方底线，双车占据2、8路通道，有较强的反击能力。

⑰ 车四进四　车 8 进 9

红方车压象眼，准备炮吃中象，黑方并没有采取保象的着法，而是车进红方底线，攻击红方右相，由此掀起激战高潮。

⑱ 炮五进五　　士5进6

⑲ 炮九平四　　炮9平7

⑳ 仕四进五　　车2进7

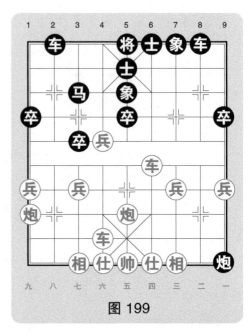

图 199

双方局势复杂，战斗进入白热化阶段。黑方进车炮位，有车2平6吃炮后，再抽吃一车的手段。黑方如改走炮7平4，红方只有两种应着，分别变化如下：炮四退二，炮4平6，仕五退四，车2进9，车六退一，马3进4，车六进五，车2平3，车六退五，车8平6，帅五平四，车3平4，帅四进一，车4退7，车四退一，象7进5，车四进二，将5进1，车四退一，将5退1，车四退二，车4进6，帅四退一，车4进1，帅四进一，车4平5，黑方必胜；或走仕五退四，炮4平6，车四进一，将5进1，车四平八，马3退2，车六进三，炮6平3，帅五进一，象7进5，兵六进一，红方虽少一子，但车炮兵占位极佳，黑方车马炮位置较差，而且士象残缺，局势虽仍很复杂，但红方还有机会取胜。

㉑ 车四进一　　将5进1　　　㉒ 车四退一　　将5退1

黑方这步棋不好，错过取胜的绝佳机会，应改走将5进1，红方如走车六进三（如兵六进一，则炮7退1，仕五退四，车2平5杀，黑胜），则炮7平4，炮四退二，炮4平6，仕五退四，车2平6，黑方胜。

㉓ 车四退一　　象7进5　　　㉔ 帅五平四　　炮7平4

㉕ 帅四进一　　炮4平6　　　㉖ 车四平五　　马3退5

㉗ 炮四平五　　车2平5　　　㉘ 车六平八　　车5进1

㉙ 车八平五　　车8退1　　　㉚ 帅四退一　　车8平5

㉛ 兵六进一　　车5平4　　　㉜ 兵六进一　　卒5进1

㉝ 车五平四　　马5进6　　　㉞ 车四退一　　车4退6

㉟ 车四平五　　将5平4　　　㊱ 车五退一　　红胜

如图200，这是许银川与苗永鹏以中炮对半途列炮行棋至第9回合后的棋局。

⑩ 车八进六！

巧着！红方如改走炮八平五，则象7进5，车八进七，马3退5，红方不占便宜。现进车后逼黑方兑炮，迫使黑马回九宫中心，局面对红方有利。

⑩ ………… 炮5平2

⑪ 车八进一 马7退5

黑方如改走马3退5，红方则走车八平四，黑方不好应付。

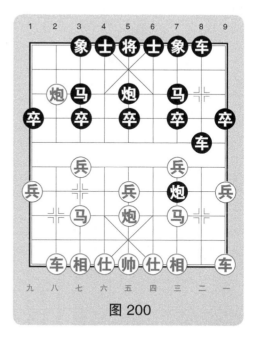

图200

⑫ 马七进八！ 前车平1

红方马七进八着法有力，下一着马八进九，令黑方难以应付。黑方前车平1，目的就是制止红方马八进九，但过于消极，可改走卒3进1，马八进九，卒3进1，马九进七，车8进2，黑方可先弃后取。黑方卒3进1后，红方如兵七进一，则车8平3，马八进九，红方虽占优，但黑方也有反击的机会。

⑬ 马八进七 车1进2   ⑭ 马七退六 车1平4

⑮ 马六进五 马3进4

黑方无奈的着法，如兑马，红方则炮五进四控制住窝心马，黑方必输。

⑯ 马五退七 马4退6   ⑰ 车八平四 象7进5

⑱ 车四退一 象5进3   ⑲ 兵七进一

至此，黑方已呈败象，问题的根源出在布局上。

⑲ ………… 象3进5   ⑳ 仕四进五

红方打象也可，补仕更好。

⑳ ………… 马5退3

黑方如改走象5进3飞兵，红方则走车四退三，炮7平8（车8进6，帅五平四，黑方失炮），车一平二，炮8进2，帅五平四，象3退5，车二进一，红方吃炮得势必胜。

㉑车四退三　车8进6　　　　　㉒车一平二　车8进3

㉓马三退二　炮7进2　　　　　㉔相三进一

这是比较好的走法，为跳马做准备，跳马后还有退车捉死炮的棋。

㉔…………　马3进2　　　　　㉕马二进三　炮7平8

㉖兵七进一

红方实施最后攻击，如走马三进四，黑方也难应付。

㉖…………　马2进1　　　　　㉗兵七进一　士4进5

㉘炮五进五　将5平4　　　　　㉙炮五平二

黑方认负。

局 例 四

如图201，这是胡荣华与季本涵行棋至第14回合后的棋局。红方计划从中路发动猛攻，但黑方一方面准备摆窝心炮对付红方中路攻势，另一方面车正捉住红炮，又有平炮叫将抽吃车的威胁，但没有料到红方中兵借炮威力，冲锋陷阵，锐不可当，攻势发展迅猛。请看实战。

⑮兵五进一　炮9平5

面临红方从中路突破的攻势，采取窝心炮应对是必然的。另有三种应法都属红方占优：车2平3，则兵五进一，马7进5（如士4进5，兵五进一，将5进1，马三进五将军抽车胜），马六进五，马3进5，车三平五，红方占势；或走炮2平5，则马三进五，车2进4，兵五进一，车2退5，马五进四，车2平5（如马7进5，马六进五，马3进5，车三平五，车2平6，车五平九，车6平5，兵五进一，士6进5，炮七进五杀），马六进七，车5进3，相七进五，马7进5，马四进六，象7进5，炮七进三，红方得子；或走士4进5，则兵五进一，象7进5，马三进五，马3退4（如炮9进5，炮五进五，士5进6，马六退七，车2退1，车八进三，车2进2，炮七平五，马3进5，车三平五），马六进七，车2退1，马七进六，马4进2，炮五进五，士5进6，马六退四，将5进1，炮五平三，红方优势很大。

⑯ 兵五进一　炮 5 进 6

黑方如改走炮2平5，红方则走仕四进五，车2进4，兵五进一，士4进5，马三进五，红方占优。

⑰ 相三进五　炮 2 平 5

⑱ 马三进五　车 2 进 4

⑲ 兵五平四　马 7 退 8

⑳ 马六进四

红方弃兵跳马抢先，并腾出空心炮的位置，再次实行正面攻杀。

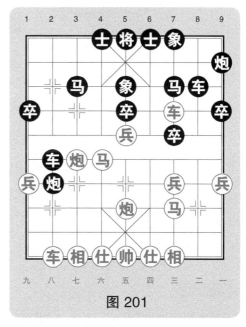

图 201

⑳ ………………　车 8 平 6

㉑ 马四进六　车 6 进 4

㉒ 炮七平五　车 6 退 5

㉓ 马五进七　车 2 退 8

㉔ 仕六进五　象 7 进 9

㉕ 车三平五　士 6 进 5

㉖ 车五平二　士 5 退 6

㉗ 车二进三　马 3 进 2

㉘ 马七进五　士 4 进 5

㉙ 马六退八

至此，黑方如车2进3吃马，则红方马五进三，抽将吃黑车必胜，黑方认负。

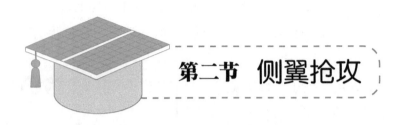

第二节 侧翼抢攻

集中子力攻击对方一翼，一举突破对方防线，称为侧翼抢攻。为了实现侧翼攻杀，必须集结兵力于一侧，迅猛及时展开攻击，这在实战中经常运用。侧翼攻击采取的是"集中优势兵力攻击对方弱点"的战略原则。当中路难以进攻时，瞄准对方侧翼的弱点、漏洞或薄弱环节进行攻击。侧翼进攻主要运用"声东击西""明修栈道，暗度陈仓""出其不意，攻其不备"的方法，往往会使防守方措手不及。

局 例 一

如图202，这是吕钦与刘军以对兵布局后转列手炮布局行棋至第29回合的实战形势。红方多两兵，七兵过河，中兵也可渡河。黑方左翼空虚，红方针对黑方的弱点，向黑方的左翼发动攻势。请看实战。

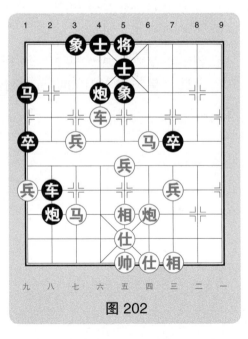

图202

㉚ 车六平二　　士5退6

黑方如改走车2平6，红方则走兵五进一，象5进3，车二进三，士5退6，炮四平一，炮4平9，炮一进四，象3退5，马四进五，象3进5，车二退二，红方先弃后取，吃象占优。

㉛ 炮四平一

好棋，红方车马炮已成取胜形势。

㉛ …………　　象5退7

黑方如改走士4进5，则炮一进

七，象5退7，车二平三，象3进5，马四进五，红方吃双象后优势扩大。

㉜ 炮一进七	马 1 退 3	㉝ 车二平五	马 3 进 5
㉞ 马四进五	象 3 进 5	㉟ 车五进一	士 4 进 5
㊱ 车五平三	车 2 平 3	㊲ 车三进二	士 5 进 6
㊳ 车三退四	士 6 进 5	㊴ 车三进四	士 5 退 6
㊵ 马七退八	车 3 平 1	㊶ 车三退三	士 6 进 5
㊷ 车三平八	炮 2 退 1	㊸ 马八进七	车 1 进 3
㊹ 仕五退六	炮 2 平 6	㊺ 车八平二	将 5 平 6
㊻ 车二进三	将 6 进 1	㊼ 炮一退三	炮 6 退 3
㊽ 兵五进一	车 1 退 4	㊾ 炮一退一	

黑方认负，因接走车1平6，红方则走仕六进五，卒1进1，炮一平四，炮4进1，兵七进一，炮4进3，车二退三，捉死炮，红方必胜。

局例二

如图203，这是徐天红对臧如意行棋至中局的形势，黑方设下"弃马抢攻"的陷阱，着法如下。

⑬ 车二平三？ 炮 2 平 9 ！

红方吃马陷入被动，应进车兑车，则双方平稳。黑方侧翼抢攻，好棋！

⑭ 车八进九？ 炮 9 进 1

⑮ 仕四进五　车 8 进 9

⑯ 仕五退四　车 8 退 7

⑰ 仕四进五　车 8 平 7

黑方抽吃红三路车，红方左车又无法右调，以进行防守，这正是黑方侧翼抢攻战术得以成功的重点。

⑱ 车八退五　车 7 平 8

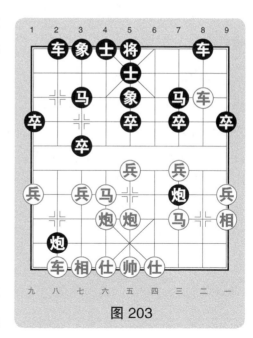

图 203

⑲ 兵五进一

红方献中兵，计划将左车右调。红方如改走马六退四，黑方则走炮7平8，帅五平四，炮8进3，帅四进一，车8进6，黑方速胜。

⑲　…………　　车 8 进 7　　　　⑳ 马三退四　　车 8 退 1

黑方退车马口，压相眼叫将，黑方妙着如珠，攻势如潮。

㉑ 马四进三　　车 8 平 7　　　　㉒ 马三退一　　车 7 平 9

红方忍痛弃掉一子以解燃眉之急，否则黑炮7平8形成绝杀。至此，黑方夺回一子并占有强大攻势。

㉓ 炮五平三　　车 9 平 7　　　　㉔ 仕五进四　　炮 7 平 8

㉕ 炮三平二　　车 7 进 1　　　　㉖ 帅五进一　　车 7 退 3

㉗ 马六进四　　炮 8 退 1

红方车、马被控制，陷入困境。

㉘ 兵七进一　　炮 8 平 6　　　　㉙ 兵七进一　　车 7 平 5

㉚ 帅五平六　　车 5 平 3　　　　㉛ 帅六平五　　炮 6 退 3

黑方得子以后，攻中有守，至此，黑方多子占势必胜，以下从略。

局例 三

如图204，这是在上海举行的全国团体赛中，许银川对陶汉明以五九炮直横车对屏风马，布局行棋至第13回合后形成的中局形势，黑方正以7路车捉相，但红方不为所动，毅然平炮进行侧翼抢攻！着法如下。

⑭ 炮五平九

红方平炮准备侧翼抢攻，着法有力。如改走相三退一，黑方则走炮7平1，马三进四，炮1平3，黑方以炮捉马反夺主动。

⑭　…………　　炮 7 平 1

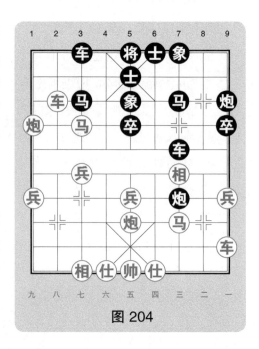

图 204

黑方如改走车7进1，红方则走前炮进三，马3退4（如士5退4，则车八平七吃马，红方得子占优），相七进五，车7退1，炮九平八，黑方难以应对。

⑮ 前炮进三　马 3 退 4　　　　　⑯ 车八退四

红方妙着，退车捉炮，如改走相三退五，黑方则走炮1平3，马七进九，马7进6，红方必失子处于劣势。

⑯ ………　车 7 进 1

黑方如改走炮1平5，则马七进九！炮9退1，马三进五，红方吃炮必胜。

⑰ 车八平九　车 7 进 2

⑱ 马七进九　炮 9 退 1

红方马由边陲进入，后来成为攻城拔寨的主角，由此可见，红方第16着退车捉炮的好处。

⑲ 车九平八　马 7 进 6　　　　　⑳ 车一平八　马 6 退 4

至此形成红方集中全部兵力对黑方右翼施加高压，黑方则调动所有子力增援右翼的局面。由于红方双炮的有力牵制，卧槽马虎视眈眈，双车纵向出击之势已成，总攻在即。

㉑ 前车进六　前马进3

黑方弃车势在必行。如改走车3平2，则车八进八伏抽车的凶着，黑方难应。

㉒ 前炮平七　象 5 退 3　　　　　㉓ 后车平七　马 3 进 4

㉔ 车七平六　马 4 进 2　　　　　㉕ 马九进七！

红方弃马取势是高瞻远瞩的好棋，如改走车六平八，则车7平1，马九退七，象7进5，红方不易取胜。

㉕ ………　炮 9 平 3　　　　　㉖ 炮九进七

至此，黑方子力虽与红方相当，但难以抵挡红方双车炮的强烈杀势。以下黑方如走马2退3，则炮九平七，马4进3，车六进七，红方必胜；又如改走象7进5，则车六进七绝杀！黑方也无法化解。

本局是侧翼抢攻的典型模式，红方集中兵力打歼灭战，攻势如行云流水，令人赏心悦目，末尾弃马取势，艺高胆大，不愧为高手的作战风范。

局 例 四

如图205，这是全国个人赛中，于幼华对李家华以飞相局对士角炮布局，行棋至第23回合的中局形势，双方实力相当。表面上，红方双马连环，担子炮，车压黑右马且有三路兵渡河助战，形势不弱。但黑方却利用中炮威力及先行之利，向红方左翼发动攻势。着法如下。

⑰…………　车2平3！

黑方吃兵"顺手牵羊"，准备抢攻红方左翼。

⑱马四进五　车3进3！

黑方吃相叫杀！已做好弃马抢攻的准备。

⑲帅五平四　车3平2

⑳马五进三　炮4进7！

黑方挥炮吃仕，攻法凶狠！侧翼抢攻进入高潮。

㉑帅四进一　炮4退1

红方进帅避抽，无奈的着法！

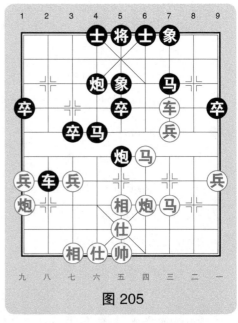

图 205

如改走仕五退六，黑方则走车2平4，帅四进一，马4进3，马三进四，车4退1，帅四退一，车4退2，红方难以应付。

㉒仕五退六　炮5平2　　㉓炮九平八　马4进3

㉔车三平八　炮4平1　　㉕炮四进三　车2退1

红方此着进炮骑河，准备平中叫将进行对攻。如误走车八退二吃炮，黑方则走车2退1，帅四退一，马3进5，帅四平五，炮1进1，仕六进五，车2进1，仕五退六，车2退2，杀炮抽车，黑方速胜。

㉖马三退五　炮2退1！

黑方退炮逼兑是一步好棋，红方中炮是重要的进攻棋子，被逼兑后，红方失去还击能力。以下只能坐以待毙。

㉗ 炮四平八　车 2 退 1　　㉘ 马五退七　车 2 进 1

㉙ 帅四退一　马 3 进 5　　㉚ 帅四平五　炮 1 进 1

㉛ 马三退四　车 2 平 6

黑方接下来马5进3形成绝杀，红方认负。

局例五

如图206，这是全国象棋个人赛中，许银川对孙勇征以仙人指路对卒底炮布局行棋至第15个回合时的中局形势。局面上，红方正以中炮和左炮、马构成攻象威胁，看似黑方只有以炮打马得回失子，但黑方却出人意料地弃马攻相，策划侧翼抢攻，着法如下。

⑮ ⋯⋯⋯⋯　炮 3 进 7 ！

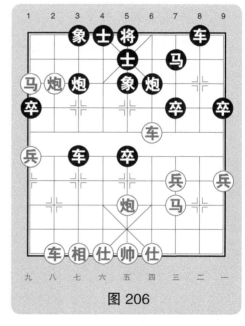

图 206

黑方进炮吃相是侧翼抢攻的好棋！意在红方应将后，再以炮兑炮，然后平边炮抢攻夺得主动。如改走炮3平1，则炮八进二，卒7进1，车八进八，车8进3，车四平六，下着有车六进三，红方占优。

⑯ 仕六进五　炮 6 平 2

⑰ 车八进七　炮 3 平 1

至此，黑方平炮可以抽吃红方车，形成侧翼攻势，如误走象3进1，红方则走车八平九，炮3平1，帅五平六，车8进6，车四进三，象5退3，车九平六要杀，红方优势很大。

⑱ 帅五平六

红方被逼出帅，使黑方抢攻侧翼的计划基本实现。此着如改走车八进一，则车3进4！仕五退六，车3退5抽吃红车，黑方必胜。

⑱ ⋯⋯⋯⋯　马 7 进 9　　⑲ 车四进三　车 8 进 4

黑方不顾红车攻势，高车巡河，胸有成竹。如误走象3进1，则炮五进五！士5进4，车八进一，红方形成绝杀。

⑳ 车八进一　车8平4　　㉑ 炮五平六

红方如改走仕五进六（如帅六平五，车3进4，仕五退六，车4进4，师五进一，车3退1杀，黑方速胜），黑方则走车4进3，帅六平五，车4平3伏杀，黑方占优。

㉑ ………　车3进4　　㉒ 帅六进一　车4平3

至此，黑方形成了侧翼抢攻的典型杀势。

㉓ 炮六平五　后车平4　　㉔ 仕五进六　车3退1

㉕ 帅六退一　车4进3　　㉖ 帅六平五　车4平3

㉗ 马九进七　车3退6　　㉘ 车八平七　车3进1

㉙ 帅五进一　车3退8

至此，黑方多士、多卒，胜势已成，以下黑方胜，着法从略。

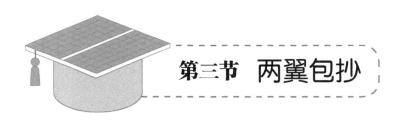

第三节 两翼包抄

"两翼包抄"指攻方子力充分发挥空间优势，在精心部署和灵活调运下，对守方将（帅）从两个相对方向同时展开攻击，使其腹背受敌、顾此失彼而难以防御。

局例一

如图207，这是全国个人赛中郭长顺对陶汉明激战至第25个回合时的中局形势。红方炮镇中，车马迫近黑将，下着有车九平七抽杀威胁，请看黑方如何从两翼进攻。

㉕ ………… 炮9平7！

面对红方左翼车马杀势，黑方毫无惧色，平炮瞄相抢攻，准备采用两翼包抄战术对红方进行打击。

㉖ 相三进一 炮7平8

黑方左炮瞄准底线，吹响了冲锋的号角。

㉗ 车九平七 炮8进7

红方平车叫杀，给黑方以巨大威胁，但黑方胸有成竹，进底炮攻城。

㉘ 相一退三 炮2进7

㉙ 马七退八

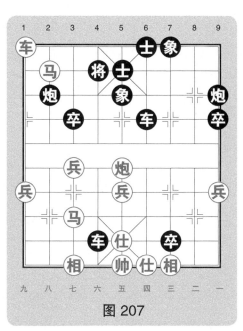

图207

黑方采用两翼包抄方法进攻，引离红马，以下行棋着法更加精彩。

㉙ ………… 车6进6！ ㉚ 仕五退四 车4进1

黑方再度弃子，引离红仕，至此，形成车、炮卒两翼包抄杀法的典型局例。

㉛ 帅五进一　炮 8 退 2　　　　㉜ 帅五进一　车 4 退 2　黑胜

局例二

选自杨官璘、李义庭实战对局。如图208，这是以中炮过河车对屏风马平炮兑车开局行棋至第22个回合时形成的中局形势，双方子力相同，但黑过河卒迫近红方九宫，黑车又占据兵林线有力地控制了局势。请看黑方是如何发动攻势的。

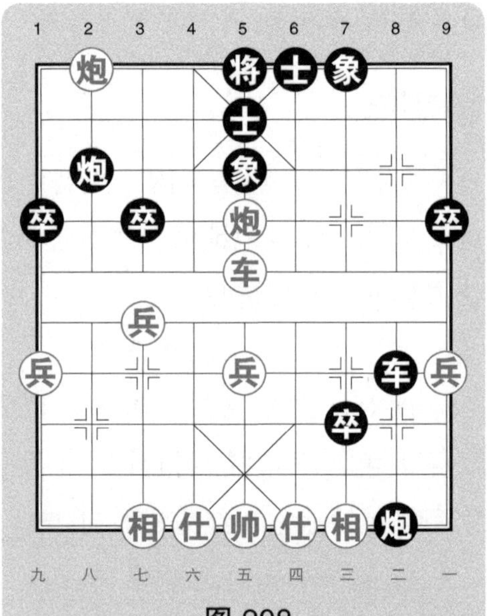

㉒ …………　炮 2 进 7 ！

黑方右炮进底，形成两翼包抄攻势。控制住红方仕相，先声夺人。但实战中，黑方选择了卒1进1，红方则走仕六进五，炮2平4，兵七进一！卒7进1，兵七进一，卒7平6，兵七进一，车8进2，车五平六，车8平7，车六进二！红方解杀还杀，黑方认负。

图 208

㉓ 炮五平九

红方此着如改走帅五进一，黑方则走车8进2，帅五退一，车8平4，车五平八，车4进1，帅五进一，炮2平1，炮八平九，将5平4，黑方胜势。

㉓ …………　士 5 进 6 ！　　　　㉔ 帅五进一　车 8 进 2

㉕ 帅五退一　卒 7 平 6

黑方此着也可走车8平4，红方则走车五平二，将5平4，车二退五，车4进1，帅五进一，卒7平6，相七进九，车4退1，帅五退一，卒6进1，黑方胜。

㉖ 炮九进三　将 5 进 1　　　　㉗ 车五平八　象 5 进 3

㉘ 车八进三　将 5 进 1　　　　㉙ 炮九平四　士 6 退 5

164

㉚ 车八退一　士5进4　　　　㉛ 车八退五　卒6进1

㉜ 车八平四　卒6平5！ 黑胜

本局是两翼包抄战术的一个典型范例。

局 例 三

如图209，是上海大师赛中柳大华对臧如意以中炮过河车对屏风马高车保马布局行棋至第40回合的中局形势，黑方缺象，红方占优势，请看红方如何取胜。

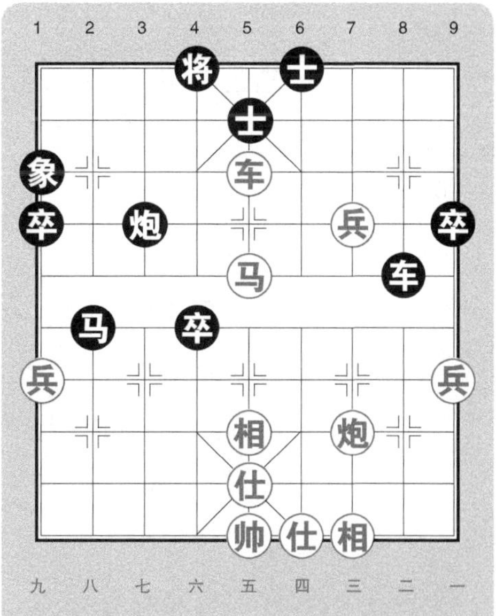

㊶ 兵三平四！

红方平兵让路好棋！精心策划沉炮底线发动攻势，视对方应手而采用两翼包抄杀势。

㊶ …………　炮3退3

㊷ 炮三进七　将4进1

㊸ 炮三退一　将4退1

红方妙手，为两翼包抄做好准备。

㊹ 车五平九！车8平5

红方弃马吃象，使黑炮陷入绝境，是取胜的好棋！

㊺ 车九平七　士5进4　　　　㊻ 车七进二　将4进1

㊼ 兵四进一　将4平5　　　　㊽ 炮三进一

以下车七退一杀，红方胜。

图 209

局 例 四

如图210，这是在广州举行的首届"五羊杯"赛中，胡荣华对杨官璘行棋至第31个回合形成的中局形势，双方子力相当成对攻形势，但红方有先行之利，着法如下。

㉜ 炮五平二！

红方平炮右翼，是避实就虚的好棋，既可进炮侧攻，又有退马打车进而得子的厉害手段，一着多用。

㉜ ………… 马4进5

黑方弃马抢攻，无奈。如改走士5进6，马三退四，红方得子胜定；又如改走马3进1，则炮二进五，象5退7（如象9退7，车四进三！士5退6，马三进五，将4平5，马五进三绝杀），炮二退一，象7进5，马三进四，马4进3，炮三进八，将4进1，马四退五，红方抽车胜定。

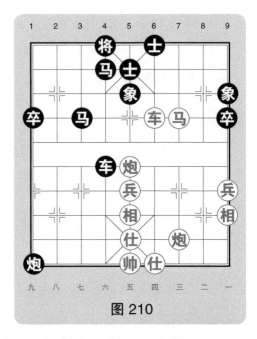

图210

㉝ 仕五进六　车4进2　　㉞ 车四平五　马3进2

㉟ 车五平八！马2进3

红方果断地借捉子之际进行转移，形成两翼包抄杀势，算准黑方进马对攻时，红方可捷足先登。

㊱ 车八进三　将4进1　　㊲ 炮二进四　士5进6

㊳ 车八退一　将4退1　　㊴ 马三进五　将4平5

黑方此着如改走士6进5，红方则走车八进一杀！

㊵ 炮三进八　士6进5

以下炮二进一重炮杀，红方胜。

局例五

如图211，这是吕钦与田长兴以顺炮直车对横车行棋至第26回合时的棋局。红方兵种齐全，炮镇中路，又多三、七兵，形势占优。如此形势下看红方如何扩大优势。

㉖ ………… 后马退4

黑方不能走车3进5吃兵，否则红方车四进二，车4平6，车八进六杀。

㉗ 车四进一　马 6 退 7

㉘ 马七进五　车 4 平 8

㉙ 炮五平三　马 7 进 5

㉚ 车四进四　象 7 进 9

㉛ 车四退二　马 5 进 4

㉜ 车四退二　马 4 退 3

㉝ 马五进四　象 9 退 7

㉞ 马四进六　车 8 平 4

㉟ 马六退四　马 3 进 1

㊱ 兵九进一　马 1 进 3

㊲ 马四进二　马 3 退 5

㊳ 炮三平六　将 5 平 4

㊴ 马二进三

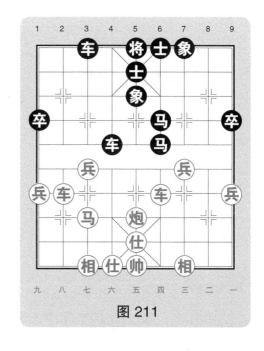

图 211

红方对黑方已取得了有效的控制，优势显而易见。

㊴ …………　马 5 退 7　　㊵ 车四进一　车 4 进 1

㊶ 车八进一　车 4 进 1　　㊷ 车四退二　车 4 退 2

㊸ 马三退四　车 4 进 3

黑方如改走车4退1，红方则走马四进六，车3进2，车八进五，象5退3，马六进七，士5进4，车四进六，将4进1，车八退一杀。

㊹ 仕五进六　马 4 进 5　　㊺ 车八平六　士 5 进 4

㊻ 车四进二

黑方认负，如接走车3进4，红方则走马四进六，马5退4，车四进四，将4进1，车六进三，将4平5，车六进二，车3退3，车四平五，将5平6，车五平三，马7退9，车三平四，将6平5，车六平五，将5平4，车四退一，将4进1，车五退二杀。

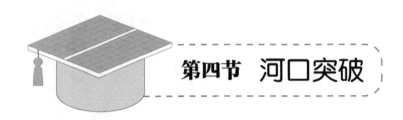

第四节 河口突破

双方的河界属于前沿阵地，子力纵横交错，常常是对局时必争之地。一方采取弃兵、弃子或兑子手段破坏对方河口阵地的防御力量，以便从河口突破，攻入对方阵地，这也是突破战术的一种运用。

局例一

如图212，选自全国象棋个人赛赵庆阁对李来群的实战对局。现由黑方走棋，黑方采取弃卒争先的手段从河口进行突破。实战着法如下。

① ………… 卒3进1

② 前车退二

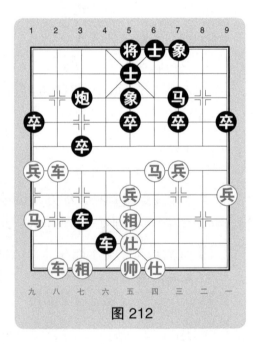

图212

红方如改走相五进七，炮3进2，黑方以后有炮平8路进底叫杀的着法，红方很难防御。又如改走车八平七，黑方则走车3退2，相五进七，车4退3，红方要丢一相，形势也不利。

② ………… 车3进2

③ 后车平七 炮3进7

④ 车八退二 炮3退2

⑤ 车八进九 士5退4

⑥ 马九退八 车4退3

⑦ 马八进七 车4平6

至此，黑方多卒多象，形势明显占优。

局例二

如图213，双方混战，黑车捉马严守河口要道。谁料红方竟巧借车炮右侧作势，果断弃子，从河口突破，终于成功。

① 炮五平四！ 车6平8

红方弃马，卸中炮打车，巧妙之着。黑方如车6进1，炮四平二，红方对黑方左翼造成强烈攻势。

② 兵三进一 车8进3

又是一步好棋，红方小兵仗势欺车，黑方无可奈何！如改走车8平7，炮四平二，黑方无法阻挡红炮进入底线的攻杀。

③ 仕六进五 象9进7

④ 车九平六 马2进3

⑤ 车六进五 车8退4

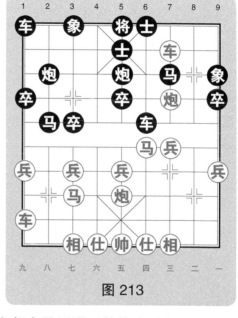

图 213

黑方如改走炮5平4或车8退2，红方都有马四进五的抢攻手段。

⑥ 车六平七 马3退4　　⑦ 马四进六 车8平7

⑧ 马六退四 车7平8　　⑨ 车七进一 车1平2

⑩ 车三退一 炮5进4　　⑪ 马七进五 炮2平7

⑫ 车七平三 象3进5　　⑬ 马五进六

红方一车换三，多子得势必胜。

局例三

如图214，这是第7届"银荔杯"全国象棋冠军赛，徐天红对赵汝权行棋至第16回合的形势。双方由对兵局演变而成。至此从表面上看，双方大子、兵卒相当，形成对峙局面。现在轮红方走子，徐天红巧施妙手打开僵局，持双车炮破士攻杀，夺势获胜。实战着法如下。

⑰兵七进一！

红方弃兵引车，为三路炮吃卒打下埋伏。

⑰………… 车2平3

⑱炮三进三 车3进3

⑲车五退一 车3平2

黑方如改走象5进7，红方则走炮八进二，象7退5，炮八平五，也是红方占优。

⑳炮三退一 车8退4

㉑炮三平五 将5平6

㉒车五平四 车8平5

㉓炮五平四 将6平5

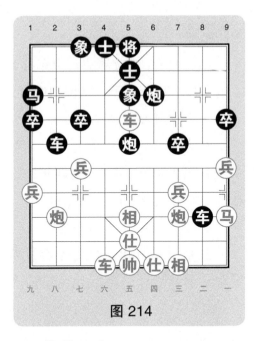

图214

㉔炮四进三！

兑炮吃士，黑方缺士怕双车，红方取得优势。

㉔………… 士5进6

㉕车四进二 车2退6

（如图215）

㉖车六进九！

红方车杀底士，先弃后取，简明有力。

㉖………… 将5平4

㉗车四进二 将4进1

㉘车四退一 将4退1

㉙车四平八 卒1进1

㉚车八平四 将4平5

㉛马一进二 马1进2

㉜马二进四 车5平7

㉝兵三进一 卒3进1

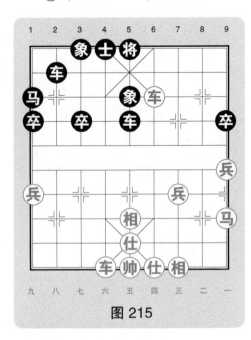

图215

㉞车四平六　车7平5　㉟马四进六　马2退3

㊱马六进七　将5平6　㊲兵三进一！

冲兵妙手！黑方如接走象5进7，则车六退一捉马叫杀，红方胜。

㊲…………　马3进2　㊳车六退四　车5平6

㊴兵三进一

至此，红方车马兵联合进攻，形成必胜局面。

局 例 四

如图216，这是第17届"五羊杯"全国象棋冠军赛，胡荣华对许银川行棋至第24回合的形势。双方由中炮巡河炮缓开车对屏风马布局演变而成。至此，黑方防守顽强，令对方难以进攻。现在轮到红方走子，胡荣华巧妙构思，连续冲中兵，突破防线。

㉕兵五进一！炮4退1

黑方如改走卒7进1，红方则走马二进三，车6进2，马三进一，卒7进1，兵五进一，也是红方优势。

㉖兵五进一　卒7进1

黑方如改走卒5进1，红方则走马二进三捉车，红方占优。这正是红方连续冲中兵所选定的河口突破方案。

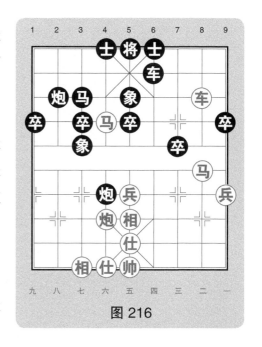

图216

㉗马二进三　车6进2

㉘马三进一　象5退7

黑方如改走车6退2，红方则走兵五进一，黑方难以应付。

㉙车二平七　炮2平9　㉚炮六平八！

红方先引开黑炮，再进马卧槽叫将进攻。

㉚…………　炮4平2　㉛马六进七　将5进1

㉜ 车七平八　　炮 2 平 4　　　　　㉝ 车八平三

红方先驱离黑炮，再平车右侧双要杀，精彩！

㉝ …………　　炮 4 退 4　　　　　㉞ 兵五进一！车 6 退 2

红方进兵欺车，紧凑。黑方如车6平5吃兵，则车三进一抽炮即胜。

㉟ 炮八进七！

红方进底炮击中要害，一着定乾坤。下伏马七退六！红方车马炮兵四子攻城，黑方难以抵挡，推枰认负。

第六单元

布局技巧

本 单 元 重 点

　　布局是全盘棋的基础，不论是刚入门的初级棋手或已具备一定水平的中级棋手，还是驰骋枰（píng，棋盘）场的高级棋手，都非常重视布局的研究与发展。本单元重点介绍几种比较流行的布局供读者朋友们学习参考，以便能尽快提高布局水平。

第一节 布局的基本原则

一、布局的四个原则

布局是战略构思的具体表现，它对中局战斗产生根本性的影响。阵形部署的好坏，直接会导致双方以明显的优势或劣势进入中盘战斗，有时甚至对全局的走势起着决定性的作用。因此，布局时走子，我们要掌握以下四个原则。

1. 强子优先部署

在布局阶段，强子（车马炮）不仅是准备组织进攻的主要兵种，也是应付对方发动突然袭击的有力防守武器。所以不论是否为先行方，一般都应首先出动和部署强子，使之尽快占据有利于进攻和防守的位置，最大限度地发挥它们的作用。

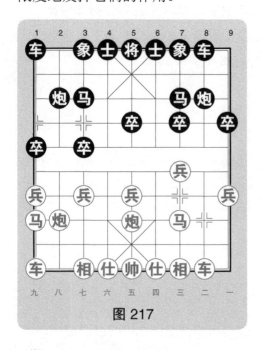

图217

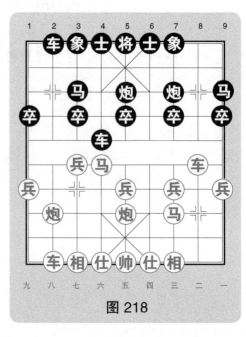

图218

如图217，这是当头炮对屏风马的一种布局。现在双方各仅走了五步棋，红方走了一车一炮两马，另外，走了一步三路兵也是为三路马前进服务的。黑方走了两马一车双卒。1路卒的挺起是为1路车进3或兑兵后进河口做准备的，进3卒是为3路马上河口服务的。可见，双方在这一阶段动员和部署的主要是强子。

如图218，这是当头炮对列手炮的一种布局。双方各走了八步棋，红方走了七步强子和一步七路兵，黑方八步棋全部走了强子。从双方布局可知优先部署强子是布局阶段的首要任务。

2. 布子要有针对性

从象棋的原始阵势看，双方棋子一经运动，便对对方的棋子产生一定的制约作用。学习布局时，如果不明白这一点，我们的布局便会具有很大的盲目性。而明白了这一点，我们走的每一步棋，都会具有一定的针对性。为了便于更好的理解，我们举几个例子。

如图219，双方各走了两步棋，次序是这样的。

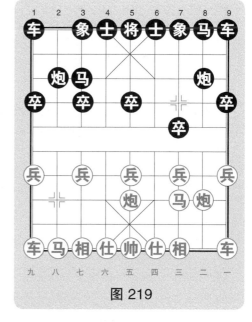

图 219

① 炮八平五　马 2 进 3
② 马二进三　卒 7 进 1

双方的第一步棋都是针对黑方中卒的，红方要取中卒立空头炮，黑方则要保卫自己的中卒。黑方第二步挺卒，是针对红方跳三路马而动的，对红方马有很强的压制作用。现在黑方7路卒先挺起来，压住红方三路兵，暂时限制了红方三路马的活动。

如图220，这是后手炮对仙人指路的开局。黑方走炮8平7就是一步针对性很强的棋，它可以暂时限制红方二路马的活动，使红方进三路兵进而活马的积极意义受到一定程度的削弱，起到以炮制兵的作用。

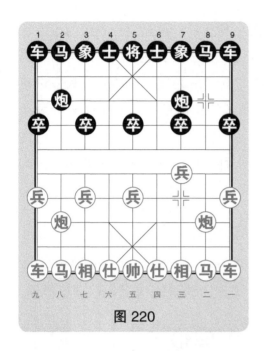

图 220

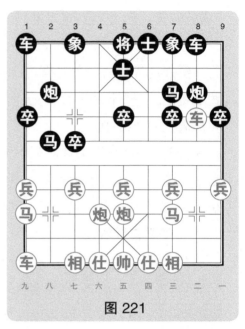

图 221

如图221，这是五六炮对屏风马的一种阵势，布局过程如下。

① 炮二平五　马8进7　　② 马二进三　车9平8

③ 车一平二　马2进3　　④ 马八进九　卒3进1

⑤ 炮八平六　马3进2

⑥ 车二进六　士4进5

黑方第五步马3进2是针对红方左车而发的。它充当炮架后限制了红方左车的开出。而红方第六着车二进六是针对黑方7路马而走的，下一着即可抢先吃卒压马，并有升六路炮打马的续着。上述都是针对性的着法。布子的针对性越强，它的积极意义也就越大。

如图222，双方各走了五步棋，红方末着是兵五进一，这是针对黑

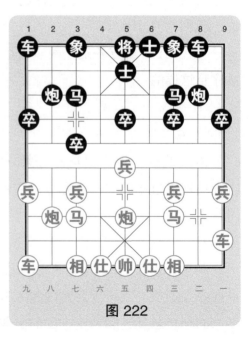

图 222

方中防未牢固而施行突袭的着法，续着有双马中间联合强渡中兵的走法。黑方针对这一点，末着是士4进5，续着还有象3进5进一步巩固中防的走法。双方都是针对中路的攻守关系而行棋的。

3. 各子间的联系性

布局时各子之间的保护、配合及创造有利的活动条件，都称为联系性。

如图223，是五六炮对屏风马的一种走法。双方各走了六步。从现在的形势看，双方共有十二个强子，除红方六路炮外，各子都已生根，即都有子力保护。再从配合上看，红方五六炮是一种配合，形成了一种可攻可守的体系。黑方屏风马也是一种配合，形成了一种巩固中防为主并伺机反扑的弹性防御体系。

黑方3、7路卒的挺起，也为3、7路马的进一步活动创造了条件。黑方双车在炮后，也为双炮的向前伸展创造了条件。上述这几个方面都是布局时必须注意的，尤其是强子之间的联系性。

4. 布子的灵活性

车是最能横冲直撞、力量最强的兵种。因此，在布子时必须让它具有最大的灵活性。

如图224，这时双方布局完成，马上进入中局阶段。红方的双车，

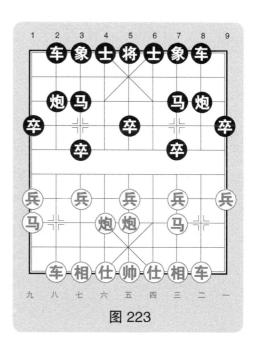

图 223

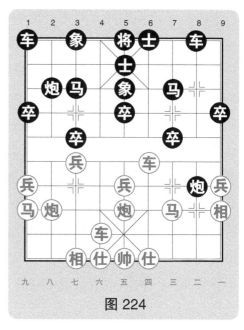

图 224

一守河口，一占左肋，纵横进退获得了较大的灵活性；黑方8路车炮活动余地相当大，而且3、7路卒已挺起，双马也取得了一定的活动空间。但纵观全局，因红方双车已占据要道，且具有最大的灵活性，因此红方占优。

二、布局的三个不要

1.不要一子走动太频繁

在布局的阶段，关键是一个"布"字。在十个回合当中，攻子和守子至少要走六七个或以上才为得体。如果其中一子走动过多，必然影响其他棋子的部署。而只走其中一子，走了几步到对方阵地进行兑换，则更不适宜。即使不兑换，仅仅单枪匹马闯入对方阵地后，因后援不继，也发挥不了多大作用。

2.切忌炮轻发、马躁进、车迟开

关于"炮轻发"，古代有两句棋诀，叫"远炮勿轻发""势成方动炮"，说的就是这个原则。它说明在布局未稳妥时，炮不宜随便进击，或吃对方兵卒，或换对方马炮。这样会削弱炮在开局时的实用价值。因为炮行动迅速，遥控力较大，在开局子多的情况下较易控制对方和保护己方的棋子，如果较早地冲入对方阵地形成短兵相接的状态，便会失去其特有的控制作用，且己方各子又不易形成联保联防体系。所以布局时，炮不宜轻发。再来说"马躁进"，马是中距离作战兵种，且有蹩脚之弊，如果单马躁进对方阵地，保护措施未跟上，而对方阵地子力众多，随时可蹩马脚而捉吃死马。即使勉强跟上保护，一马到处受制也不能形成攻击力量。而马步伐缓慢，连走数步才能进入对方阵地，在布局中独走几步也必然影响其他子力的部署。所以，马躁进是布局的大忌。最后是"车迟开"，车是速度最快、控制范围最广的兵种，是最有威力的强子，它进可以攻，退可以守。开局时必须尽快占据要塞，保护或配合其他子力的出动，并且可及时破坏对方组织的攻势。所以车必须尽可能早开出。俗话说："三步不开车是为死棋"，就是这个道理。

3.不要子力堵塞

布局原则中有灵活性一条。子力布置堵塞在一起，自相阻碍，等于自缚手脚，使这些棋子的有效性发挥不出来。如走过宫炮或过宫七路炮虽有取得一翼子力优势之利，却也有容易造成子力拥挤的弊病，布局时需多加留意。

三、提高开局的有效步数

有效步数是指目的明确、效率高的步数。通常情况下有效步数越多，局面上越占有优势，反之则处于被动挨打的局面。如图225，红方先。

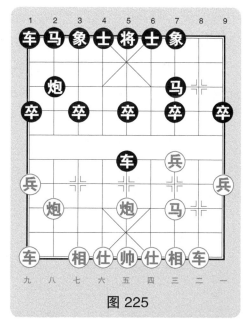

图 225

① 炮二平五　　炮 8 平 5

② 马二进三　　马 8 进 7

③ 车一平二　　车 9 进 1

④ 马八进七　　车 9 平 4

⑤ 兵三进一　　车 4 进 5

⑥ 马三进四　　车 4 平 3

⑦ 马七退五　　炮 5 进 4

⑧ 马四进六　　车 3 平 4

⑨ 马六退五　　车 4 平 5

⑩ 马五进三　　车 5 退 1

这个开局，红方的有效步数是炮二平五，马二进三，车一平二，马八进七，兵三进一，马三进四，马七退五，马四进六，马六退五，马五进三，共10步。黑方有效步数是炮8平5，马8进7，车9进1，车9平4，车4进5，车4平3，炮5进4，车5退1，共8步。双方比较，红方多走2步有效步数，红方先手。由此可见，开局时提高有效步数是十分重要的。

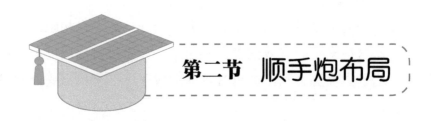

第二节　顺手炮布局

顺手炮是象棋史上最为古老的布局形式，早在南宋的《事林广记》中就记载了顺手炮布局的变化。随着象棋战术的不断进步，顺手炮布局的攻守体系产生了许多新的变化。特别是近几年以来，象棋特级大师们经常在实战中展现顺手炮布局的复杂变化，收到了理想的效果，取得了良好的战绩。

一、顺炮直车对缓开车

① 炮二平五　　炮8平5　　　② 马二进三　　马8进7
③ 车一平二　　卒7进1　　　④ 兵七进一　　马2进3
⑤ 马八进七　　炮2进4　　　⑥ 车九进一

红方起左横车是对付黑方右炮过河的一种着法。其作用是平肋车后，可作为升车捉炮或骑河捉马的手段，这是这一布局体系的重要选择。

⑥…………　　炮2平3

黑方平炮压马，正确之着！如改走炮2平7打兵，则红方可车九平四（也可车九平六），车1平2，车四进二，卒7进1，炮八进二，车9平8，炮八平三，车8进9，马三退二，马7进8，马二进一，炮7进1，马七进六，红方子力灵活占优。

⑦ 相七进九　　车1平2　　　⑧ 车九平六　　车2进6
⑨ 车六进二

如图226，红方进车牵制黑方车炮是可行之着。另外一种选择是车六进六捉马。如改走车六进四，则炮5平6，仕六进五，炮3平1，车六平三，车9进2，红方略占先。

现将进车捉马的变化简介如下。

车六进六，士6进5（如改走马3退1，则车六进一，马1进3，仕四进五，炮3平7，炮八退二，车2平3，车六退六，卒7进1，相三进一，红方占先），车六平七，炮5平6，马三退五，象7进5，车七进一，炮6退1，车七退一，马7进6，炮八退二，马6进4，车二进四，马4进5，相三进五，车2退5，炮八进七，炮6进6，则双方互缠。

棋局至如图225中形势，黑方有炮3平5和车9进1两种选择，现分述如下。

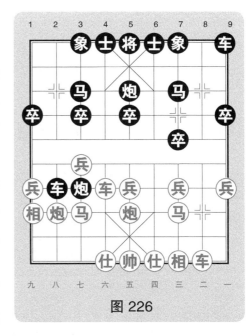

图 226

（一）炮3平5

⑨ …………	炮 3 平 5	⑩ 车六平五	炮 5 进 4
⑪ 马三进五	象 7 进 5		

黑方如改走车9平8兑车，则马五进六，象7进5，车二进九，马7退8，马六进七，卒5进1，形成红方多子、黑方占优的局面。

⑫ 马五进六	马 3 退 1	⑬ 车二进六	士 6 进 5
⑭ 车二平三	车 9 平 7	⑮ 炮八退二	卒 5 进 1
⑯ 炮八平七	车 2 退 2	⑰ 马六退八	卒 5 进 1

黑方如改走车2退2，则马八进七，卒5进1，后马进八，红方占优。

⑱ 兵七进一　卒 3 进 1

黑方如改走车2退2，则兵七进一，红方占优。

⑲ 炮七平八	车 2 平 1	⑳ 兵九进一	车 1 进 1
㉑ 炮八平九			

红方吃车占胜势。

（二）车9进1

⑨…………　车9进1　　⑩仕六进五　车9平6

⑪炮八退二　车6进4　　⑫兵五进一　车6平5

⑬炮八平七　车5平3　　⑭马七进五　红方占优

二、顺炮直车进三兵对横车进边马

①炮二平五　炮8平5　　②马二进三　马8进7

③车一平二　车9进1　　④马八进七　车9平4

⑤兵三进一　马2进1

棋局至如图227中形势，红方有4种选择，现分述如下。

（一）马三进四

⑥马三进四　炮2平3

黑方的另一种反击手段是车4进4，以下是马四进五，车4退1（如马7进5，则炮五进四，士4进5，相七进五，炮2平3，车二进五，红方占优），仕六进五，士4进5，马五进三，炮2平7，车二进六，车1平2，车二平三，炮7平8，车九平八，车4进4，双方继续抢夺主动权。

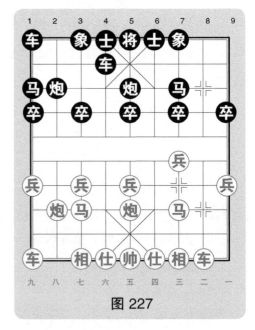

图 227

⑦车二进五　车1平2

⑧车二平六

红方兑车正确。如先走车九平八，待车2进6后再车二平六，则车4平6，车六退一，车2平3，炮五平四，车6平3，相七进五，卒3进1，黑方足可抗衡。

⑧…………　车4平6

黑方如改走车4进3，则马四进六，炮3退1，炮八进四，卒3进1，车九平八，卒3进1，炮八进一，红方占优。

⑨车六退一　车2进6　　⑩炮五平四　车6平3

⑪ 炮八平九　卒 3 进 1　　　　　　⑫ 相七进五　车 2 平 3

⑬ 仕六进五　卒 3 进 1　　　　　　⑭ 车六进一　卒 3 平 4

⑮ 马七退六

红方如改走炮九退一，则炮3进5，炮九平七，炮3平4（如炮3平6，则炮七进七，马1退3，仕五进四，炮5进4，仕四退五，卒4平5，马四进三，红方容易行棋），炮四平六，车3进2，车六进四，将5进1，黑方多子占优。

⑮ ············　马 1 进 3　　　　　⑯ 车九平八　炮 5 进 4

⑰ 炮九平七　卒 4 平 5　　　　　　⑱ 马四进三　马 3 进 4

黑方容易行棋。

（二）仕六进五

⑥ 仕六进五

红方补仕固防是稳健的下法。

⑥ ············　车 4 进 4

黑方如改走车4进7，则相七进九，炮2平3，炮八进四，士4进5，车二进五，车1平2，车九平八，车4退3，相三进一，车4进1，兵七进一，车4平3，车八进二，红方占优。

⑦ 相三进一

红方如改走炮五平四，则车4平7，马三进二，士4进5，相七进五，车7退1，炮八进二，车7平8，车九平六，炮5平4，车六进四，象3进5，双方大体均势。

⑦ ············　炮 2 平 3　　　　　⑧ 炮五平四　车 1 平 2

⑨ 车九平八

红方如改走炮八平九，则炮3进4，相七进五，炮5平3，黑方形势不弱。

⑨ ············　炮 3 进 4

黑方如改走卒3进1，则车二进五，卒3进1，车二平七，红方占优。

⑩ 相七进五　车 2 进 6

黑方如改走炮5平3，则炮八进五，象3进5，炮四进一，马7退5，车二进五，红方形势占优。

⑪车二进六　炮5平3　　　⑫车二平三　象3进5

双方大体均势。

（三）车二进六

⑥车二进六　炮2平3

黑方如改走卒3进1，则车二退一，炮5平3，马三进四，象7进5，马四进五，炮3进1，车二进二，卒3进1，马五进三，卒3进1，马七退五，车4平7，兵五进一，车7进1，车二退四，炮2平3，炮八进五，红方占优。

⑦车九平八　车1平2

黑方如改走卒3进1，则车二退一，马1进3，马三进四，马3进5，炮五进三，卒5进1，车二平五，车4进4，马四进三，车4平7，马三进五，象3进5，双方均势。

黑方如改走车4进4，则车二平三，车1平2，炮八进四，卒3进1，车三退一，卒3进1，车三平七，卒3进1，车七进二，卒3进1，车七退五，车4平7，炮五退一，马7进6，炮五进五，士6进5，炮五退一，马6进5，马三进五，车7平5，也是双方均势。

⑧炮八进四　车4进6　　　⑨车八进二　卒3进1

⑩车二退一

红方如改走仕六进五，则车4退4，炮八进二，卒3进1，黑方容易行棋。

⑩…………　卒3进1　　　⑪车二平七　卒3进1

⑫车七进二　卒3进1　　　⑬车八进二　车4退4

⑭炮八进二　马1进3　　　⑮车八进二　卒3平4

⑯车七退一　车4平3　　　⑰车八平七　车2进1

⑱炮五进四　马7进5　　　⑲车七平五　卒4进1

黑方占优。

（四）炮五平四

⑥炮五平四

红方卸中炮稳中求攻。

⑥…………　炮2平3　　　⑦车九平八　卒3进1

⑧ 相七进五　车1平2　　　⑨ 仕四进五

红方宜选用仕六进五的变化，这样比较稳妥。

⑨ …………　车2进6　　　⑩ 车二进五　卒7进1

⑪ 车二退一　卒7进1　　　⑫ 车二平三　马1进3

⑬ 炮八平九　车2平3　　　⑭ 炮九退一　马3进5

⑮ 车三平五　车3平4　　　⑯ 炮九进五　卒3进1

黑方占优。

三、五六炮直车对顺炮横车（1）

① 炮二平五　炮8平5　　　② 马二进三　马8进7

③ 车一平二　车9进1　　　④ 炮八平六

红方平炮仕角的主要作用是疏通左翼子力，使两翼均衡发展，稳步进取，黑方不易反扑。

④ …………　马2进1

棋局至如图228中形势，红方主要有两种选择，分述如下。

（一）马八进七

⑤ 马八进七　车1平2

⑥ 车九平八　车9平4

⑦ 仕四进五　车4进3

⑧ 车二进六

红方也可改走兵七进一，以下卒1进1，车八进六，炮2平3，车八进三，马1退2，车二进四，卒7进1，马七进六，炮3进3，炮六进三，炮3平8，炮六进二，炮5退1，炮五平七，象3进1，马六进七，红方仍然容易行棋。

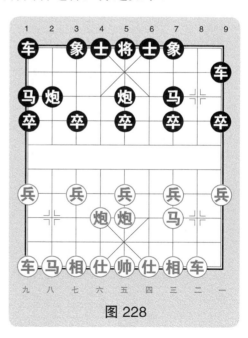

图228

⑧………… 卒1进1　　　⑨车八进六　卒7进1

⑩车二平三

红方如改走炮五进四，则马7进5，车二平五，炮2平3，车八进三，马1退2，炮六平四，炮3进4，相三进五，卒3进1，黑方由被动局面变成了主动。

⑩………… 士4进5　　　⑪兵三进一　卒7进1

⑫车三退二　炮2平3　　　⑬车八进三　马1退2

⑭兵七进一　卒3进1

黑方如改走马2进1，则马七进六，炮3进3，车三进三，车4进1，炮五进四，红方阵形工整，略占优。

⑮相七进九　卒3进1　　　⑯车三平七

红方如改走相九进七，则车4平3，红方不占便宜。

⑯………… 车4平7　　　⑰马七进六　炮3进2

双方大体均势。

（二）马八进九

⑤马八进九　车1平2　　　⑥车九平八　车9平4

⑦仕四进五　车4进3　　　⑧兵三进一

红方如改走车二进六，则车4平7，红方不占便宜。

⑧………… 卒1进1　　　⑨车二进六　马1进2

黑方进马打车正确。如改走士4进5，则车二平三，马1进2，马三进四，车4平6，兵三进一，车6进1，车八进五，红方大占优势。

⑩炮六平八　炮2进5　　　⑪车八进二　炮5平2

⑫车八平六　车4进3　　　⑬仕五进六　马2进4

双方各有千秋。

四、五六炮直车对顺炮横车（2）

①炮二平五　炮8平5　　　②马二进三　马8进7

③车一平二　车9进1　　　④炮八平六　马2进3

黑方跳三路马是流行的走法，可加强与红方进行中路对抗的力量。

⑤马八进七　车 1 平 2

⑥车九平八

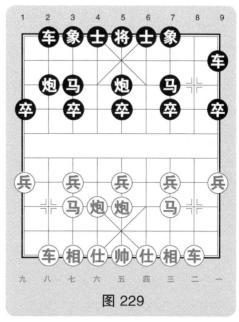

如图229形势，黑方主要有两种选择，分述如下。

（一）车9平4

⑥…………　车 9 平 4

黑方如不走横车过宫而改走卒7进1，则红方车八进五，以下炮2平1，车八进四，马3退2，仕四进五，马2进3，车二进四，车9平2，形成双方对峙的局面。

图 229

⑦仕四进五　卒 7 进 1

黑方另有三种走法：车4进3，车二进六；或走车4进5，车二进八；或走炮2进4，车二进四。正常发展下去，红方均可掌握主动权。

⑧车八进五

红方骑河车封锁沿线是强硬的进攻手段。如改走车八进四，则卒3进1，兵七进一，车4进3，车二进四，卒3进1，车八平七，马3进2，兵三进一，车4平6，兵三进一，车6平7，车二平三，车7进1，车七平三，炮5平3，马七进八，象3进5，黑方可抗衡。

⑧…………　炮 2 平 1

黑方如改走炮5退1，则车二进八，象7进5，车八退一，炮5平7，车八平四，车2进1，车四进三，红方占据优势。

⑨车八平三

红方也可改走车八进四，以下马3退2，车二进四，马2进3，兵七进一，马7进6，兵三进一，车4平7，车二进一！红方占优。

⑨…………　炮 5 退 1　　　⑩车二进八

红方如改走车三进一，则炮5平7，车三平四，卒3进1，黑方各子灵活易行棋。

⑩……………… 炮 5 平 7　　　⑪车三退一　车 2 进 1

黑方如改走卒3进1，则兵七进一，炮7进4（车2进1，车三平四，卒3进1，车四平七，马3进2，兵三进一，红方占优），车二平六，炮7进2，炮六平三，卒3进1，车六平七，马7退5，炮三进七，马5退7，车七退一，红方占据优势。

⑫车三平四　炮 7 进 5　　　⑬车二平六　车 2 平 4

⑭兵七进一　车 4 进 3

双方大体均势。

（二）炮2进4

⑥……………… 炮 2 进 4

黑方进炮封车，着法积极！

⑦炮六进五

红方另有补仕的稳妥走法，试演如下：仕四进五，卒7进1，车二进四，车9平4，车二平七（如改走炮六进二，则马7进6，炮六平七，马3退1，对攻中黑方易走），炮5退1，兵三进一，卒7进1，车七平三，车4进1，双方大体均势。

⑦……………… 车 9 平 7

黑方如改走炮2平5，则马三进五，车2进9，炮六平三，炮5进4，马七进五，士4进5，车二进九，红方仍占有主动权。

⑧车二进六

红方如改走车二进四，则卒7进1，仕四进五，马7进6，炮五进四，士4进5，车二平四，车7进2，炮五退一，车7平4，车四进一，车4退1，双方均势。

⑧……………… 炮 2 平 5　　　⑨马三进五

红方如改走仕四进五，则车2进9，马七退八，马7退9，车二退二，炮5退1，黑方容易行棋。

⑨ ………… 车 2 进 9　　　　　　⑩ 马七退八　炮 5 进 4

⑪ 仕四进五　马 7 退 5　　　　　　⑫ 马八进七　炮 5 退 2

⑬ 马七进五　车 7 进 1　　　　　　⑭ 炮六退五　炮 5 进 3

⑮ 相三进五　车 7 平 6　　　　　　⑯ 车二平三　车 6 进 4

⑰ 马五进六　卒 3 进 1　　　　　　⑱ 马六进七　马 5 进 3

⑲ 车三进三　象 3 进 5　　　　　　⑳ 车二退二　马 3 进 4

㉑ 车三退一　红方占优

五、顺炮直车两头蛇对双横车——红方飞边相

① 炮二平五　炮 8 平 5　　　　　　② 马二进三　马 8 进 7

③ 车一平二　车 9 进 1　　　　　　④ 马八进七　车 9 平 4

⑤ 兵三进一　马 2 进 3　　　　　　⑥ 兵七进一　车 1 进 1

⑦ 相七进九　卒 1 进 1

"两头蛇"是中国象棋的一种开局方法，即一方的三路和七路兵（卒）各进一步，形状如两头蛇的布局，如图230。至此，红方有两种走法。

（一）车二进五

⑧ 车二进五　卒 1 进 1

⑨ 兵九进一　车 1 进 4

⑩ 马三进四　炮 2 平 1

⑪ 车二平六　车 4 平 1

⑫ 炮八退一　炮 1 进 5

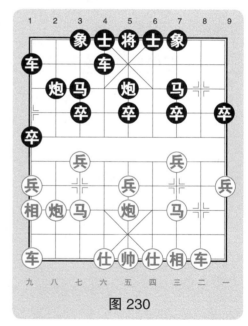

图 230

⑬ 车九进二　前车进 2

⑭ 炮五平九　车 1 进 6

⑮ 车六退三　马 3 进 1

⑯ 马四进六　卒 3 进 1　　　　　　⑰ 炮八平三　士 6 进 5

双方互有顾忌。

（二）仕六进五

⑧仕六进五　卒1进1　　　⑨兵九进一　车1进4

⑩车二进五　炮2平1　　　⑪炮八退一　车4平1

⑫车九平六　炮1进5　　　⑬炮八平九　炮1平5

⑭相三进五　前车退1　　　⑮车二进一　后车平2

⑯炮九平七　马7退9　　　⑰车二进一　马3进1

⑱马七进六　车1进4　　　⑲炮七退一　马1进2

⑳马六进七　马2退3　　　㉑炮七进六　车1退1

㉒马三进四　炮5进4　　　㉓马四进五

以下黑方如接走车1平5，则马五进七，车2平3，车六进三，炮5平7，帅五平六，红方胜势。

黑方又如接走士6进5，则马五进七，象3进5，炮七平五，车2平3，马七退六，车1退4，炮五平一，卒7进1，炮一平八，红方占优。

六、顺炮直车对缓开车——巡河炮对右横车

①炮二平五　炮8平5

②马二进三　马8进7

③车一平二　卒7进1

④马八进七　马2进3

⑤兵七进一　车1进1

⑥炮八进二　马7进6

⑦车二进四

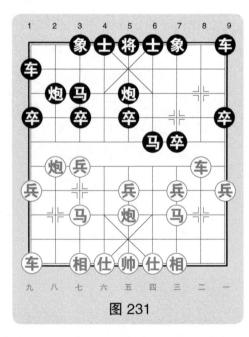

图231

如图231，红方如改走马七进六，则马6进4，炮八平六，炮2进5，炮六退二，车1平4，仕四进五，炮2退1，车九平八，车4进5，车二进四，车9进2，兵三进一，炮2平5，马三进五，炮5进4，兵三进一，车9平7，车二平四，车7进2，相三进

190

一，士6进5，黑方占优。

⑦ …………	马 6 进 7	⑧ 炮五平六	车 9 进 1
⑨ 相七进五	车 9 平 8	⑩ 车二进四	车 1 平 8
⑪ 马七进六	炮 5 平 7	⑫ 仕六进五	炮 2 退 1
⑬ 炮八退一	炮 2 平 7	⑭ 炮八平三	前 炮 进 4
⑮ 车九平八	车 8 进 4	⑯ 马六进四	车 8 平 6
⑰ 车八进七	马 3 退 5	⑱ 车八退二	马 5 进 7
⑲ 马四进六	士 6 进 5		

至此，黑方取得了棋局的主动权。

第三节 中炮对屏风马布局

中炮对屏风马是实战中使用率最高的布局，其内容丰富，变化繁多，并发展迅速。这一经典布局萌芽于明代，兴盛于清代，自王再越著《梅花谱》至今已三百余年长盛不衰，逐渐形成了一套十分复杂的布局体系，深受广大棋手的喜爱。

一、中炮过河车急进中兵对屏风马

① 炮二平五　马8进7　② 马二进三　车9平8

③ 车一平二　卒7进1　④ 车二进六　马2进3

⑤ 兵五进一　士4进5

至此，形成中炮过河车急进中兵对屏风马的基本阵形。黑方如改走炮8退1，则兵五进一，炮8平5，车二进三，炮5进3，马三进五，马7退8，炮五进三，卒5进1，炮八平五，士4进5，双方均势。

⑥ 兵五进一

红方车过河后，立即连冲中兵，从中路发动攻击，属于积极进攻的走法。如改走马八进七，以后再车九进一，则形成直横车对屏风马的布局。

⑥ ………… 卒3进1

黑方先补士固防，再冲3路卒，并有炮2进1打车展开反击的手段。

⑦ 车二平三

红方如改走马八进七，则炮2进1，车二退二，炮8平9，车二进五，马7退8，黑方阵形工整。

如图232形势，黑方有三种选择，分述如下。

（一）卒5进1

⑦………………… 卒5进1

黑方吃兵消除后患。

⑧炮八退一

红方如走马三进五，则卒5进1，
炮五进二，象3进5，黑方形势较好。

⑧………………… 炮8进5

⑨马三进五　卒5进1

⑩炮八平二　炮8平6

⑪炮五进二　象3进5

⑫炮二平五　马7进5

⑬车三平四　炮6平2

⑭前炮平四　马5进6

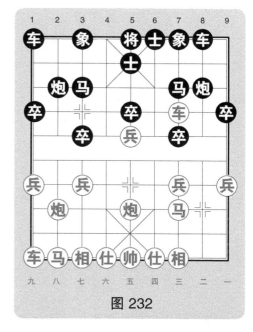

图232

黑方如走炮2退4，则炮四进五，士5退6，炮五进五，红方占据优势。

⑮车四退二　前炮平8　　双方均势。

（二）炮8进4

⑦………………… 炮8进4

黑方进炮的目的是封锁兵林线，使红方不能进马助攻。

⑧兵五平六

红方平兵比较缓慢，影响大子出动。宜改走炮五进四，以下马3进5，
兵五进一，以后再架中炮，比较积极主动。

⑧………………… 车8进2　　　⑨兵六平七　象3进5

⑩前兵进一　炮2进4

黑方进炮展开反击。至此，红方已无主动权。

⑪车三平四　马3退1　　　⑫后兵进一　车1平4

⑬兵三进一　炮2平7

至此，黑方占优。

193

（三）炮8进2

⑦ ………… 炮 8 进 2   ⑧ 兵五进一

红方如改走兵五平四，则炮8平6（如走车8进2，则马三进五，红方占优），马三进五，炮6平5，炮五进三，卒5进1，炮八平五，卒5进1，炮五进二，马7进5，黑方可以抗衡。

⑧ ………… 马 7 进 5   ⑨ 马三进五   马 5 进 4

黑方如改走马5进6，则车三平七，马6进5，相七进五，车8进2，马八进七，红方占据主动。

⑩ 炮五平二

红方如改走马八进七，则象3进5，炮五平二，炮8平9，兵一进一，炮2进4，兵七进一，炮2平7，如此发展下去，黑方占优。

⑩ ………… 炮 8 平 9   ⑪ 相七进五

至此，红方仍占据主动权。

二、中炮过河车进中兵对屏风马平炮兑车

① 炮二平五   马 8 进 7   ② 马二进三   卒 7 进 1
③ 车一平二   车 9 平 8   ④ 车二进六   马 2 进 3
⑤ 兵七进一   炮 8 平 9   ⑥ 车二平三   炮 9 退 1
⑦ 兵五进一   士 4 进 5   ⑧ 兵五进一   炮 9 平 7
⑨ 车三平四   象 3 进 5

平炮兑车是屏风马应对中炮过河车的一种流行布局。红方冲中兵从中路突破是一种选择。黑方补右象可以开通车路，并加强中线的防守，一着两用。但其对攻性不如走卒7进1。

如图233，红方主要有两种走法，分述如下。

（一）马三进五

⑩ 马三进五

红方进中马从中路发动进攻。

⑩ ………… 卒 7 进 1

双方对攻。黑方如改走车1平4，则马五进六，卒5进1，马六进七，车4进2，马七进八，马7进8，双方各有千秋。

⑪兵五进一

红方另有马五进六的选择，双方对攻也很激烈。

⑪…………　马7进8

⑫车四平三　马8退9

⑬车三退二　车1平4

⑭马八进七　车4进6

⑮兵五进一　象7进5

⑯炮八平九　马3退4

⑱马五进四　车8进4

⑳兵七进一　卒3进1

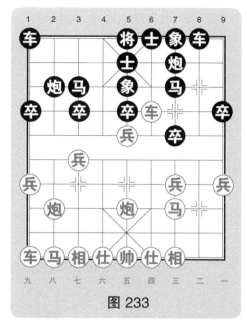

图233

⑰车九平八　炮2进4

⑲马七进六　炮7进2

㉑马四进六

至此，红方占优势。

（二）兵五平六

⑩兵五平六　卒7进1

黑方弃卒的目的是要发挥7路炮的作用。

⑪车四进二

红方如改走兵三进一，则车8进6，兵六进一，炮7进4，相三进一，马7进8，车四退一，炮7平5，仕四进五，车1平4，兵六平七，炮2进4，兵七进一，车4进7，炮八平九，车4平2，车四平八，马8进6，马三退四，车2平5，相七进五，马6进5，马四进三，车8平6，黑方胜。

⑪…………　车8进1

此着大巧若拙。黑方如走卒7进1，则车四平三，车8进2，车三平四，卒7进1，炮八平三，马7进8，马八进七，车8平7，车九平八，车1平2，炮三平四，炮2进4，仕六进五，红方占优。

195

⑫兵三进一　车1平4　　　　　⑬马八进七

红方如走马三进五，则马7进6，车四退三，炮7进8，仕四进五，车8进8，黑方弃子后有攻势。

⑬………　车4进4　　　　　⑭马三进五　车4平8

⑮相三进一　炮2退1　　　　　⑯车四退四　卒3进1

⑰炮八进五　卒5进1　　　　　⑱炮八平九　卒5进1

⑲车四平五　马7进6　　　　　⑳车五平四　马6进8

㉑车九平八　马8进9

黑方较优。

三、中炮过河车进中兵对屏风马平炮兑车弃7卒

①炮二平五　马8进7　　　　　②马二进三　车9平8

③车一平二　卒7进1　　　　　④车二进六　马2进3

⑤兵七进一　炮8平9　　　　　⑥车二平三　炮9退1

⑦兵五进一　士4进5　　　　　⑧兵五进一　炮9平7

⑨车三平四　卒7进1

面对红方急进中兵的进攻，黑方也采用了对攻激烈、变化复杂的弃7卒的着法。这一变化，被喜爱攻杀的棋手经常使用。

⑩马三进五　卒7进1

黑方进卒吃兵，积极寻求对攻。另一种选择是卒7平6，以下是车四退二，卒5进1，炮五进三，象3进5，炮八平五（如走炮八平四，则车8进4，马五进四，马7进5，相三进五，炮7进3，马四进三，车8退1，炮四进七，炮2退2，炮四退三，卒3进1，双方对峙），车1平4，马八进七，炮2进4，黑方可以抗衡。

⑪马五进六　马3退4

除此之外，黑方另有车8进8寻求对攻的变化，则马八进七，象3进5，双方对攻。

⑫兵五进一　马7进8

如图234形势，红方主要有三种选择，分述如下。

（一）车四平三

⑬车四平三　炮2平7

⑭马六进八　马4进3

黑方另一种变化是象3进5，以后再车1平3，黑方也可抗衡。

⑮炮五平二　炮7进2

⑯马八进七　将5平4

⑰炮二平六　马8退6

黑方退马为妙着，由此化解了红方的攻杀。

⑱炮六进二

红方如走炮六退一，则车8进

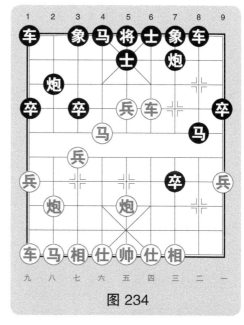

图234

8，仕四进五，前炮平5，红方重炮攻势被化解，形成黑方必胜的局面。

⑱…………　车8进7　　⑲相三进五　前炮平5

⑳仕六进五　马6进5

黑方占胜势。

（二）兵五平六

⑬兵五平六　炮2平5

黑方如走马4进5或象3进5，红方则车四退四，弃底相之后有车四平二的着法，可以化解黑方的攻势，红方较占优。

⑭仕四进五　车1平2

黑方如误走马8退6，则马六进四绝杀，红方胜。

⑮帅五平四

红方如改走车四平三，则炮5进2，炮八平六，车2进4，黑方可以抗衡。

⑮…………　象7进9　　⑯车四进二　车2进4

黑方如改走车2进7，则兵六进一，车2退3，兵六进一，车2平4，车四平五，士6进5，兵六平五，红方胜。

⑰ 兵六进一　车 2 平 4　　　⑱ 兵六平五　马 4 进 5

⑲ 车四平三

红方得子占优。

（三）车四退四

⑬ 车四退四

红方退车攻守兼备，这是特级大师王嘉良开创的着法。

⑬ …………　车 1 进 2

黑方如走炮7进8，则仕四进五，马8进9，车四平二，车8进7，炮八平二，红方占优。黑方可炮2平8，双方对攻。

⑭ 相三进一　炮 7 进 3　　　⑮ 马八进七　炮 2 进 4

⑯ 仕六进五　马 8 退 7　　　⑰ 兵九进一　炮 2 平 9

⑱ 马六进八　车 1 平 3　　　⑲ 兵五平六　马 4 进 5

⑳ 兵七进一

红方弃兵为佳着。黑方如走卒3进1，则马八进六，将5平4，炮八进七，将4进1，炮五平六，红方胜。

⑳ …………　炮 9 平 8　　　㉑ 车四平二　象 3 进 1

㉒ 兵七进一　车 3 退 2　　　㉓ 车九平八

至此，红方占优。

四、中炮过河车边马对屏风马平炮兑车（1）

① 炮二平五　马 8 进 7　　　② 马二进三　车 9 平 8

③ 车一平二　卒 7 进 1　　　④ 车二进六　马 2 进 3

⑤ 兵七进一　炮 8 平 9　　　⑥ 车二平三　炮 9 退 1

⑦ 马八进九　车 8 进 5

黑方此时另有几种变化：马3退5，则炮八进四；或走车8进8，则兵五进一；或走士4进5，则炮八平七；又或走车1进1，则炮八平七。以上几种变化，黑方均不理想，所以多采用车8进5骑河车的下法。另有车8进8的选择，是棋手们正在实践与研究的课题。

⑧ 兵五进一

红方若改走炮八平七，以下是车8平3，马三退五，形成变化复杂的局势。

如图235局势，黑方常见的走法有三种，分述如下。

（一）士4进5

⑧ ………… 士 4 进 5

⑨ 炮八平七 炮 9 平 7

⑩ 车三平四 卒 7 进 1

黑方如走车8平5，则车九平八，车1平2，车八进三，炮2平1，车八平六，红方占有攻势。

黑方如走马3退4，则车九平八，炮2平5，仕四进五，炮5进3，车四进二，马4进5，马九进七，红方较为主动。

⑪ 车九平八 车 1 平 2

⑫ 车四进二

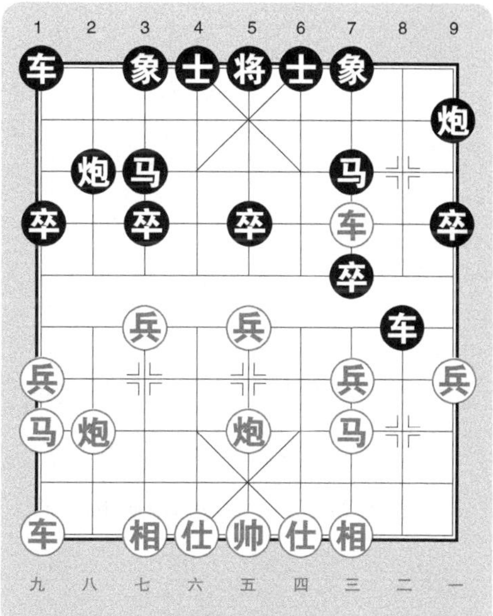

图 235

红方选择的是复杂变化，如改走：兵七进一，卒7进1，兵七进一，卒7进1，相三进一（兵七进一，则卒7平6，黑方攻势在前），马3退4，车四进二，马4进5，黑方占优；或走兵三进一，则车8平7，车八进六，炮2平1（如象3进5，兵七进一，炮2平1，车八平七，马3退4，马九进七，红方占优），车八平七，马3退4，兵七进一，红方占据主动。

⑫ ………… 炮 2 退 1

黑方如卒7进1，则车四平三，卒7进1，兵七进一，红方占优。

⑬ 车八进八 车 2 进 1 ⑭ 车四平三 马 7 进 6

⑮ 兵三进一 车 8 进 1 ⑯ 兵五进一 卒 5 进 1

⑰ 车三进一 卒 5 进 1 ⑱ 车三退三 马 6 进 4

黑方如改走车8退3，则车三平二，马6退8，马九进七，捉死黑卒，红方较优。

⑲ 炮七退一　　卒 5 进 1

黑方如走车8平7，则炮七平二，车7平8，炮二平五，红方占优。

⑳ 马三进五　　马 4 进 5　　　　　㉑ 相三进五　　车 8 平 5

㉒ 车三平七　　马 3 退 4　　　　　㉓ 炮七平一　　车 5 平 9

㉔ 炮一进五　　卒 1 进 1　　　　　㉕ 马九进七　　象 3 进 5

㉖ 马七进五　　红方占优

（二）车8平5

⑧ …………　　车 8 平 5　　　　　⑨ 炮八进二　　车 5 退 1

⑩ 马九进七　　炮 9 平 7

黑方如改走士4进5，则马七退六，炮9平7，车三平二，也是红方占优。

⑪ 车三平二　　士 4 进 5　　　　　⑫ 车二进二　　炮 2 退 1

⑬ 车二退一　　炮 2 进 1　　　　　⑭ 车九进一

红方也可走马七退六，如此发展下去，红方占有主动。

⑭ …………　　象 3 进 1　　　　　⑮ 车九平四　　车 1 平 4

⑯ 车四进七　　炮 2 退 1　　　　　⑰ 车四平三　　炮 2 平 7

⑱ 车二平三　　车 4 进 6　　　　　⑲ 马七退九　　车 5 平 2

⑳ 兵九进一　　车 4 平 1　　　　　㉑ 马三退五　　红方占优

（三）马3退5

⑧ …………　　马 3 退 5　　　　　⑨ 兵三进一

另一种正常的变化是红方走炮八进四，以下炮2平5，马九进七，炮9平7，车三平四，马5进3，车九进一，卒7进1，车九平四，卒7平6（如士4进5，则前车进二，红方占优），兵三进一，车8平7，前车退二，车7平6，马三进四，车1进1，马四进五，马3进5，炮八平五，马7进5，炮五进四，炮7平5，车四进五，红方在多兵的情况下进入残局。

⑨ …………　　车 8 进 1

黑方如走车8平7，则是另一种变化。

⑩ 炮八进四　　炮 9 平 7

黑方如改走卒3进1，则兵七进一，炮9平7，炮五进四，马7进5，车三平五，红方多兵占优。如改走马5进3，则马三进四，炮9平7，兵三进一，车8平2，马四进五，炮7进2，马五进七，象3进5，炮七平三，士4进5，兵五进一，红方用一车换双子后，多双兵而占优。

⑪ 炮八平五　　马 5 进 3　　⑫ 兵五进一　　炮 7 进 2

⑬ 兵五平四　　车 8 平 5　　⑭ 炮五退一　　车 5 进 1

⑮ 相七进五　　卒 7 进 1　　⑯ 兵四平三

红方如改走马三进五，以下是炮2进2提防红方马过河抽将，结果双方和棋。

⑯ …………　　炮 7 平 4　　⑰ 车九平八　　车 1 平 2

⑱ 车八进五　　红方占优

五、中炮过河车边马对屏风马平炮兑车（2）

① 炮二平五　　马 8 进 7　　② 马二进三　　卒 7 进 1

③ 车一平二　　车 9 平 8　　④ 车二进六　　马 2 进 3

⑤ 兵七进一　　炮 8 平 9　　⑥ 车二平三　　炮 9 退 1

⑦ 马八进九　　车 8 进 5　　⑧ 兵五进一　　马 3 退 5

⑨ 兵三进一　　车 8 平 7　　⑩ 车九进一　　炮 9 平 7

⑪ 车三平二

第9回合，黑方平车吃兵比车8进1好，可以创造较多的对攻机会。

如图236，黑方有三种选择，分述如下。

（一）马5进3

⑪ …………　　马 5 进 3　　⑫ 车九平六　　炮 7 平 5

⑬ 车六进二

红方抢占兵林线要道，如改走车六进七，以下炮5进4，马三进五！也是红方占优。

⑬ ·········· 炮 2 平 1

黑方不顾3路马有危险，平边炮抢出右车，是铤而走险的走法。如走炮5进4，则仕四进五，炮5退1，车二平三，也是红方占优。

⑭ 炮八平七　　车 1 平 2

黑方如走象3进5，则车二平三，马7退8，兵七进一，象5进3，马九进七，红方占有攻势。

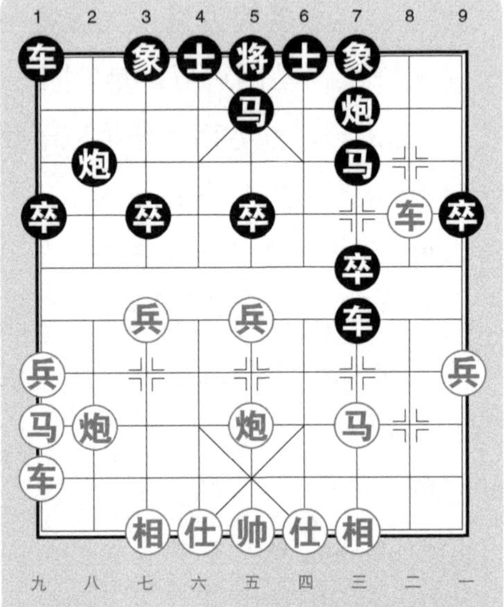

⑮ 兵七进一　　卒 3 进 1

⑯ 相三进一　　车 7 平 5

⑰ 炮七进五　　车 2 进 7

⑱ 相一退三　　卒 7 进 1

⑲ 车二平三　　卒 3 进 1

⑳ 车六进五　　车 2 退 5

㉑ 炮七平九　　象 3 进 1

㉒ 炮五退一　　红方占优

图 236

（二）象3进5

⑪ ·········· 象 3 进 5

⑫ 车九平六　　车 7 进 1

⑬ 车二平四　　炮 2 退 1

⑭ 车四进一　　卒 7 进 1

⑮ 炮五进四　　卒 7 平 6

⑯ 马三退一　　卒 6 平 5

⑰ 炮八进五　　车 7 退 3

⑱ 车六进五　　红方占优

（三）马5进4

⑪ ·········· 马 5 进 4

黑方窝心马从肋道跳出，是此时较好的走法。

⑫ 车九平六

红方如走兵五进一，则马4进3，兵五进一，炮7平5，黑方反而占据主动。

⑫ ·········· 马 4 进 3　　　　⑬ 车六进六

红方如走炮八平七，则炮2平5，红方不占便宜。

⑬············ 车 1 进 2

黑方进边车保炮是一步好棋。如改走马3进2，则车六平八，象7进5，车八退五，车7进2，炮五进四，马7进5，车八平三，炮7进6，车二平五，卒3进1，车五平一，形成双方大体均势的局面。

⑭ 炮八平七　炮 2 进 5

至此形成复杂对攻的局势，黑方有反击的机会。

六、中炮过河车七路马对屏风马平炮兑车

① 炮二平五　马 8 进 7　　② 马二进三　车 9 平 8
③ 车一平二　卒 7 进 1　　④ 车二进六　马 2 进 3
⑤ 兵七进一　炮 8 平 9　　⑥ 车二平三　炮 9 退 1
⑦ 马八进七

红方进七路马是这类布局的又一种攻击战术，红方计划利用七路马盘河，配合中炮过河车，加强中路攻势。黑方则通过牵制战术，伺机在红方右翼实施反击，从而产生了激烈对抗的攻防变化。

⑦············ 士 4 进 5

黑方补士巩固后防，这种走法为大多数棋手所选用。另有车1进1，炮八平九，车1平6的变化，也可以展开激烈的争斗。

⑧ 马七进六　炮 9 平 7

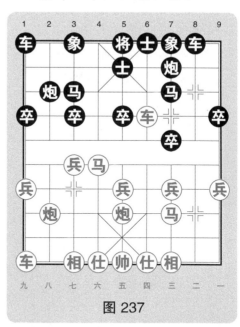

图 237

⑨ 车三平四

如图237，黑方主要有三种选择，分述如下。

（一）车8进5

⑨············ 车 8 进 5

黑方骑河车捉马，属于针锋相对的走法。另有卒7进1的走法，以下是兵三进一，炮2进3，马六进七，炮2平7，相三进一，车1平2，车九平八，炮7进1，炮八进五，车8进4，兵五进一，车8平6，车四平二，车6平8，黑方用长兑车的方法化解红方的攻势。还有马7进8的变化，以下是车四退三，象7进5，也可形成对攻性较强的局势。

⑩ 炮八进二　象 3 进 5　　　　　⑪ 车九进二

流行的着法是炮五平六。以下黑方如走卒3进1，则炮八平九，车1平2，车九平八，卒3进1，马六进五，马3进4，炮九平二，马4退6，马五进七，车2进1，车八进六，马6退4，兵五进一，卒3进1，炮六进四，红方占有主动。现在升边车的选择还需进一步研究和实践。

⑪ …………　炮 2 退 1

黑方退炮较富有弹性。

⑫ 马六进五　车 8 平 3　　　　　⑬ 车四退二　车 3 平 6

⑭ 马五退四　车 1 平 4

至此，黑方形势不错。

（二）象7进5

⑨ …………　象 7 进 5

黑方飞左象虽可保持7路炮的灵活性，但对右车的出动有不利影响。

⑩ 炮五平六

红方卸中炮有些缓慢，可改走车九进一。以下黑方如走炮2进4，则兵五进一，卒7进1，兵七进一，卒7进1，马六退八，卒7进1，车四进二，炮7退1，车四平三，车8进6，马八进六，马7进8，兵七进一，车1平2，炮八平三，炮7进7，车三退六，车8平4，兵七进一，马8进6，车三平四，马6进5，车四平五，车4退1，车九平七，车2进3，红方稍占优。

⑩ …………　炮 2 进 4　　　　　⑪ 相三进五　炮 2 平 7

⑫ 车九平八　卒 7 进 1　　　　　⑬ 车四进二　后炮退1

黑方形势不错。

（三）象3进5

⑨…………　　象 3 进 5

黑方飞右象巩固中防，并为右车开通道路，也是较好的应对方法。

⑩ 炮八平六

红方平仕角炮为左车让路，并封住黑方车，是对炮八平七走法的改进。也可走马六进七，则车8进5，兵三进一，车8退1，兵三进一，车8平7，马三进四，马7进8，双方对攻。

⑩…………　　车 8 进 5　　　　　　⑪ 兵三进一　　车 8 平 7

黑方如走车8退1，则车九平八，炮2退1，车八进七，车1平3，兵七进一，卒3进1，炮六平七，红方占优。

⑫ 马三进四　　炮 2 进 3　　　　　　⑬ 相三进一　　车 7 平 8

⑭ 炮五平三　　马 7 进 8　　　　　　⑮ 炮三进六　　炮 2 平 4

黑方如走卒7进1，则车四平二，马8进6，马六进四，车8退2，马四进二，车1平2，炮三退一，士5进6，车九平八，炮2进3，仕六进五，炮2平4，车八进九，马3退2，相一进三，红方占优。

⑯ 马四进二

红方如走马四进六，则炮4进4，黑方会占据主动。

⑯…………　　车 8 退 1　　　　　　⑰ 炮三退一　　车 1 平 3

⑱ 车九平八　　车 8 进 2　　　　　　⑲ 车八进三　　炮 4 退 2

至此，双方大体均势。

第四节 中炮对反宫马布局

中炮对反宫马布局于20世纪60年代兴起，80年代普遍流行。近些年来经过特级大师和大师们的精心研究和不断推陈出新，使古朴的反宫马布局重现光彩，更添盎然生机。中炮对反宫马源自中炮对屏风马，因其两马之间夹一炮，又称"夹炮屏风"或"半壁河山"。中炮对反宫马布局极具反弹力，采用的是后发制人的策略。

一、五七炮双弃兵对反宫马右炮封车

① 炮二平五　马2进3　　② 马二进三　炮8平6

③ 车一平二　马8进7　　④ 兵三进一　卒3进1

⑤ 马八进九　象7进5　　⑥ 炮八平七　车1平2

⑦ 车九平八　炮2进4

以反宫马对抗中炮，是黑方的常见阵形。黑方伸炮过河寻求对攻，如改走士6进5，则属稳健的着法，以下是车八进四，炮6进2，兵九进一，车9平6，双方另有攻守。

⑧ 兵七进一　卒3进1　　⑨ 兵三进一　卒7进1

⑩ 车二进四

如图238，双方形成五七炮弃双兵对反宫马右炮封车的典型局面。红方右车巡河捉卒，配合七路炮攻击黑方右翼。黑方有平炮兑车、以攻对攻和平卒保炮、待机反击两种方案，现分述如下。

（一）卒3平2

⑩ …………　卒3平2

黑方如改走卒3进1，则红方马九进七吃卒，炮2平5，炮五进四反叫将，这样发展下去对黑方不利。

⑪ 兵九进一　炮 6 进 4

黑方如改走车9平8，则车二平八，车2进5，马九进八，炮2平9，马三进一，车8进6，马八进七，车8平9，车八进七，马3退5，马七进五，红方占优。

⑫ 车二平八

红方如改走马九进八，则炮6平7，相三进一，车9进1，黑方形势较好。

⑫ …………　车 2 进 5

⑬ 马九进八　炮 6 平 7

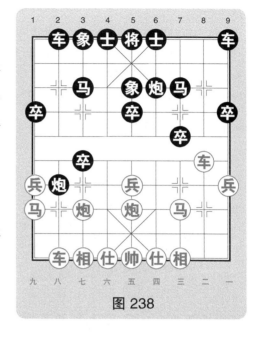

图 238

黑方如改走马3进2，则兵五进一，马2进4，马八进七，双方子力交换后，红方占据主动。

⑭ 马八进七

红方如改走相三进一，则马3进2，兵五进一，炮2平6，马八进六，马2进4，炮七进五，车9进1，红方陷入被动局面。

⑭ …………　炮 7 进 3　　⑮ 仕四进五　炮 2 平 3

⑯ 马七进五

红方如改走相七进九，则车9平8，马七进五，象3进5，炮七进五，炮7平9，炮七平三，车8进9，仕五退四，车8退7，仕四进五，卒7进1，车八平七，卒7进1，黑方占据主动。

⑯ …………　象 3 进 5

黑方如改走炮3进3，则车八平七，象3进5，炮七平九，马3退1，马三进四，车9平8，车七进八，炮7平9，仕五进六，马1退3，马四进六，红方占优。

⑰ 炮七进五　车 9 平 8

黑方弃马对攻。如改走象5退3，则车八进三，炮3进2，马三进四，红方占优。

⑱车八进三　炮3退2

黑方炮退河口易守易攻。如改走炮3进2，则炮七平三，炮7平9，车八平七，车8进9，马三退四，车8退6，马四进三，炮3平4，炮五平八，对攻中红方多子占优。

⑲炮七平三　炮7平9	⑳仕五进六　卒7进1
㉑炮五进四　士6进5	㉒炮五平三　炮3平8
㉓前炮退三　炮8进5	㉔帅五进一　车8进8
㉕帅五进一　车8退1	㉖帅五退一　车8进1
㉗帅五进一　车8退1	㉘帅五退一　双方和棋

（二）炮2平3

⑩…………　炮2平3

黑方平炮兑车谋求反击是较为流行的走法。

⑪车八平九

红方回车避兑是蓄势待发的走法。如改走车八进九，则炮3进3，仕六进五，马3退2，炮五进四，士6进5，炮五退一，马2进3，以下红方有炮七平六、相三进五、车二平四等多种走法，均可形成复杂多变的互缠局势。

⑪…………　炮6进4	⑫车二平七

红方如改走马九进七，则炮6平3，车二平七，马3进4，车七平六，马4退6，马三进四，士6进5，马四进五，车9平6，双方对峙。

⑫…………　马3进4	⑬车七平六

红方平车顶马，走法简明。如改走兵五进一，则黑方有两种走法，均能争取到反击机会：车2进5，车七平八，马4进2，马九进七，马2进3；或炮6平7，相三进一，炮3平6，兵五进一，马4进5。

⑬…………　马4进2	⑭马九进七　马2进3
⑮车九进二　炮6平3	⑯车九平七　炮3退2
⑰兵五进一　士6进5	⑱兵五进一　车2进9

⑲ 相七进九　卒 5 进 1　　　　　⑳ 车六进四　车 2 退 7

㉑ 马三进四　红方占优

二、五六炮进三兵对反宫马横车

① 炮二平五　马 2 进 3　　　　　② 马二进三　炮 8 平 6

③ 车一平二　马 8 进 7

黑方也可抢进7路卒，走卒7进1，以下红方如走车二进八，则士4进5，炮八平六，象3进5，形成另一种布局，黑方也可抗衡。

④ 兵三进一　卒 3 进 1

黑方进3卒是常见战术。如改走车9进1，则兵七进一，车9平4，炮五平四，红方仍占主动。以下黑方如炮2进7（走车4进3比较稳妥），则车九平八，车1平2，车二进六，车2进6，车二平三，马3退5，炮八平五！红方弃车夺势，双方另有激战。

⑤ 马八进九　象 3 进 5　　　　　⑥ 炮八平六　车 9 进 1

红方平炮仕角，构成稳健的五六炮阵形；黑方升左车准备右移，争取对抗。如改走士4进5，则车九平八，炮2平1，马三进四，车1平4，仕六进五，卒7进1，兵三进一，象5进7，车二进六，红方占优。

⑦ 车九平八　车 1 平 2　　　　　⑧ 仕四进五　车 9 平 4

⑨ 兵五进一

红方进中兵可从中路发动攻势，如改走车八进四，则士4进5，兵九进一，炮2平1，车八平五，车4进3，车二进六，红方稍占主动。

如图239，黑方主要有两种着法，分述如下。

（一）车4进5

⑨ …………　车 4 进 5

黑方如改走车4进3，则红方可车二进三，伺机冲兵进马；又如改走车4进4，则车二进八，黑方左马不灵活，也是红方占优；再如改走炮2进1，则马三进四，红方稍占主动。

⑩车二进八　卒7进1

红方弃中兵是必要的顿挫。如改走兵三进一，则车4平7，捉兵压马，黑方左翼弱点解除，红方不占便宜。

⑪…………　卒5进1

黑方吃掉中兵无奈，如走卒7进1，则车二平三，马7进8，兵五进一，红方大占优势。

⑫车二平四　炮6进4

黑方如改走士4进5，则落入红方圈套。红方可车八进七，则车2进2，炮五进五，弃子抢攻，红方大占优势。

⑬兵三进一　士4进5

（二）士4进5

⑨…………　士4进5

黑方补士以静制动是最佳的选择。

⑩车二进八　炮2进3

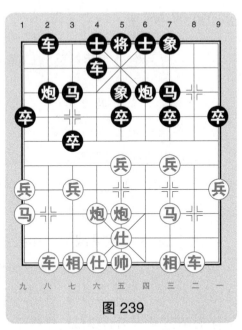

图239

⑭车四退二　红方占据主动

进炮骑河线可以保护受攻的左马，是黑方的预定战术。如改走炮2退1，则车二平三，车4进6，车八进八！黑方失子。

⑪兵九进一　炮2平7　　　⑫车八进九　马3退2

⑬相三进一　炮7平1

黑方不甘心被红方占有先机，毅然平炮打兵，准备弃马争先。如改走炮7退1，则车二退二，红方占得先机；如改走炮7进1，则车二退五，车4进5，炮五进一，炮7退2，兵五进一！红方占据优势。

⑭车二平三　车4进4　　　⑮车三退一

红方如改走兵五进一，则卒5进1，车三退一，卒7进1，黑方虽少一子，但多3个卒，子力损失不大。

⑮ ………… 炮1平5　　　　⑯ 帅五平四　炮5平6

⑰ 帅四平五　卒7进1　　　⑱ 车三退一　马2进3

双方互有顾忌。

三、五六炮对三步虎

① 炮二平五　马2进3　　　② 马二进三　炮8平6

③ 车一平二　马8进7

黑方形成反宫马布局，希望右马保护中卒，左马用于反击。

④ 兵七进一　卒7进1　　　⑤ 炮八平六

红方如改走马八进七，则黑方炮6进5得子。所以红方应先平仕角炮，再跳七路马。

⑤ ………… 车1平2　　　　⑥ 马八进七　炮2平1

由于红方走五六炮，就给了黑方出车的机会，使得黑方控制了通道。

⑦ 马七进六　象7进5

黑方另一种应法是士6进5，车二进六，车9平8，车二平三，炮6退1，又转化为屏风马布局。

⑧ 车二进六　车2进6

如图240，黑方进车对攻，如改走士6进5，则车二平三，车9平7，马六进四，马7退9，车三平一，红方仍占主动。

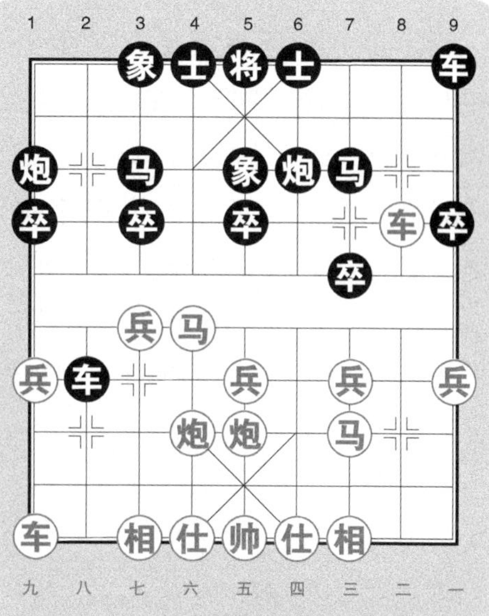

⑨ 仕四进五　士6进5

⑩ 车二平三　车9平7

⑪ 车九进二

图240

红方升车是稳健的走法，如急于走兵七进一，则车2退1，马六进四，卒3进1，车三进一，车7进2，马四进三，卒3进1，黑方弃子占有攻势。

⑪ ………… 　车 2 平 4　　　　　⑫ 马六进五　　马 3 进 5

⑬ 炮五进四　　红方稍占优

四、五六炮对左横车

① 炮二平五　　马 2 进 3　　　　② 马二进三　　炮 8 平 6

③ 车一平二　　马 8 进 7　　　　④ 兵七进一　　卒 7 进 1

⑤ 炮八平六　　车 9 进 1

黑方起左横车准备平肋捉炮抢占主动，集结子力于右翼伺机反击。

⑥ 马八进七　　车 9 平 4

黑方及时平车捉炮控制肋线，否则红方马七进六之后，黑方横车无出路。

⑦ 仕四进五　　车 1 平 2

如图241，黑方横车限制了红方左马的活动空间，但黑方左翼力量薄弱。

⑧ 车九平八　　车 4 进 3

黑方升车河界支援左马跃出，如改走士4进5，则车二进六，马7进6，车八进五，马6进7，炮五进四，马3进5，车二平五，红方车牵制黑炮，又有吃卒捉马的着法。

⑨ 车二进四

红方也可走车二进六，则马7进6，炮五进四，马3进5，车二平五，象3进5，车五平七，炮2进4，双方对攻。

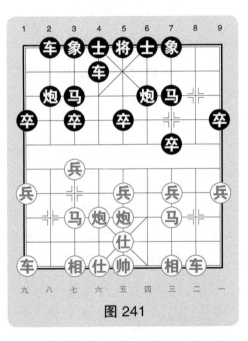

图 241

⑨ ………… 　马 7 进 6　　　　⑩ 车八进六　　象 3 进 5

⑪ 兵三进一　　卒 7 进 1　　　　⑫ 车二平三　　士 4 进 5

红方子力活跃，仍占据主动。

五、五七炮对升车保马

① 炮二平五　　马 2 进 3　　　　② 马二进三　　炮 8 平 6

③车一平二　马8进7　　　　　④兵七进一　卒7进1

⑤车二进六

红车过河计划压马，黑方如接走马7进6，则车二平四，马6进7，兵七进一，马7进5，相七进五，卒3进1，炮八平七，炮6平7，车四平三，马3退5，马三进四，红方占主动。

⑤…………　士4进5

黑方补士为稳妥之着，如改走车9进2，则炮八平七，象3进5，兵五进一，马7进6，兵五进一，卒5进1，车二平四，马6进7，车四退三，卒7进1，马三进五，车9平7，炮五进三，士4进5，炮七平三，对攻中红方容易行棋。

⑥车二平三　车9进2

黑方升车保马正确，如改走炮6退1，炮八平七，黑方右马无子保护。

⑦炮八平七　象7进5

⑧马八进九　炮2进4

如图242，黑方炮过河，计划吃兵再打车打相。至此红方若走兵三进一，则炮2平4，车三平四，卒7进1，黑方卒过河反而取得主动。

⑨兵五进一　车1平2

⑩车九平八　车9平8

⑪仕六进五

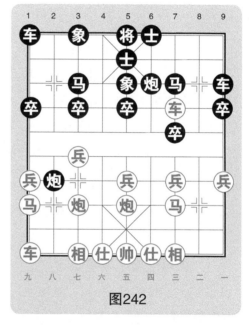

图242

红方补仕以稳住阵势，如急于走兵五进一，则卒5进1，马三进五，炮2平7，车三平七，车2进9，马九退八，卒5进1，炮五进二，车8进3，炮七平五，马7进6，马八进七，马6进5，马七进五，炮6进4，红方不容易走棋。

⑪…………　炮6进4　　　　　⑫车三平四　炮6平1

双方各有千秋。

213

六、右横车对巡河炮

① 炮二平五　马2进3　　　② 马二进三　炮8平6
③ 车一进一　马8进7　　　④ 兵七进一　卒7进1
⑤ 车一平四

红方横车与直车的作用不同，平肋车既可抑制黑方马跃出，又消除了黑方炮平士角的作用，红方可放心跳七路马。

⑤ ………………　士4进5　　　⑥ 马八进七　象3进5
⑦ 炮八平九

红方顺利地实施了跳七路马的计划，现在平炮准备亮出左车，加强攻势。

⑦ …………　炮2进2

如图243，黑方升巡河炮较稳妥，如改走炮2进4，则兵五进一，车9平8，车九平八，车1平2，马七进五，炮2平7，车八进九，马3退2，相三进一，马2进3，兵五进一，卒5进1，炮五进三，黑方炮被捉难以走棋。

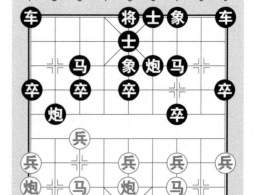

图243

⑧ 车四进五　马7进8　　　⑨ 车九平八　炮2平1

黑方如改走车1平2，则马七进六，车9平8，马六进五，马3进5，车四平五，炮2进3，红方多兵，黑方子力灵活，双方各有千秋。

⑩ 兵九进一　炮1进3　　　⑪ 炮五平九　车9平8

黑方出车保马，下一步冲卒，如急于走卒7进1，则车四平二，卒7进1，车二退一，卒7进1，炮九平三，黑方左车出不来，红方稍好。

⑫ 车四退二　马8进7

双方局势平稳。

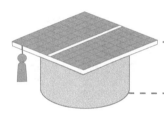

第五节 仙人指路布局

挺兵起步是目前非常流行的布局，此布局可转化成中炮、屏风马、反宫马、单提马等多样阵式，变化多端，高深莫测，所以俗称仙人指路布局。黑方应对的方法主要是卒底炮直接针对挺兵，具有较强反击力。因此，兵炮对峙成为本布局的主要攻守模式。

一、马踏中兵对横车右肋

① 兵七进一　炮2平3

红方挺兵开局，计划开拓马路，黑方卒底炮瞄住，有挺3卒反击打马的着法，双方针锋相对。

② 炮二平五

红方挺兵转中炮是最有力的着法，如改走相七进五，则马2进1，马八进七，炮8平5，红方处于守势，先前挺兵的作用不大。

② …………　炮8平5　　③ 马二进三　马8进7

④ 马八进七　卒3进1　　⑤ 马七进六　卒3进1

⑥ 马六进五

红方马迎着炮火向前冲，弃兵换取较好的进攻形势。

⑥ …………　车9进1

黑方起横车，正确！如改走车9平8，则车一进一，车8进6，车一平六，马7进5，炮五进四，士6进5，车六进七，马2进1，炮八平六，红方有炮吃士的厉害走法。

⑦ 车一平二　车9平4

如图244，红方马吃中卒但并没有找到好的位置，黑方卒过河争取能够占些便宜。

⑧车二进四　车4进2

黑方卒难保，如改走卒3进1，则车二平八，黑方会丢子。所以进车捉马，以兑子化解。

⑨马五进三　炮3平7

⑩车二平七　炮5进5

黑方如改走马2进3，则炮八平七，红方占优。

⑪相七进五　象3进5

⑫车九平七　马2进4

黑方如改走马2进3，则前车进

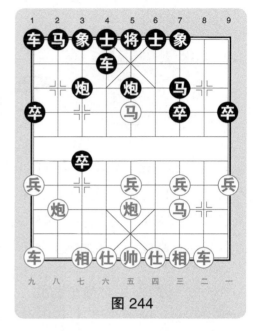

图244

二，车4平3，车七进六，黑方马受控制。至此，红方多一兵，略占优势。

二、七路马对右车过河

①兵七进一　炮2平3　　　②炮二平五　炮8平5

③马二进三　马8进7

黑方跳马是为加快强子的出动速度，如改走卒3进1，则车一平二，卒3进1，马八进九，马8进7，车二进四，卒3进1，车二平八，马2进1，车八平七，红方仍占主动。

④车一平二　马2进1　　　⑤马八进七　车1平2

⑥车九平八　车2进6

红方敢于跳左马，并不怕黑方挺3卒攻击。如黑方改走卒3进1，则车二进五，卒3进1，车二平七，红方仍占有主动权。

⑦马七进六　车9进1

如图245，红方左马盘河，对黑方过河车有潜在的威胁，黑方起横车准备接应右翼。此着如改走车2退2，则兵七进一，车2平3，马六进五，马7进5，炮五进四，士6进5，炮八平五，红方在中路占有攻势。

⑧兵七进一

红方如改走车二进六，则车9平4，炮八平六，车2平4，仕六进五，前车进1，仕五进六，车4进4，黑方可以抗衡。

⑧┈┈┈┈┈　车 2 退 1

黑方逃车顺便捉马，并保持对红方车炮的牵制。

⑨兵七进一　　炮 3 平 4

⑩马六退七　　车 2 平 3

⑪兵七平六　　炮 4 平 3

⑫马七退五　　车 9 平 4

双方对攻中红方占优，即接着走兵六平五，车4进7，相七进九，黑方逃车则丢炮。

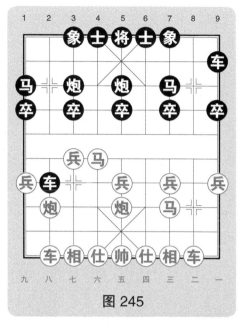

图 245

三、左炮封车对横车右肋

①兵七进一　　炮 2 平 3　　　　②炮二平五　　炮 8 平 5

③马二进三　　马 2 进 1

黑方跳边马有利于快出右车，这也是一种战术手段。

④马八进七　　车 1 平 2　　　　⑤车九平八　　马 8 进 7

⑥车一平二　　车 9 进 1　　　　⑦炮八进四　　车 9 平 4

黑方宁愿丢中卒，也要保证横车过宫，此着如改走卒3进1，则车二进四，卒3进1，车二平七，红方略占优。

⑧车二进四

红方如急于走炮八平五，则马7进5，炮五进四，士4进5，车八进九，马1退2，相三进五，卒3进1，红方不占便宜。

⑧┈┈┈┈┈　车 4 进 5

217

如图246，红方车升河口是一步好棋，可带动左马跃出，持续掌握优势。

⑨ 马七进六　士4进5

⑩ 兵七进一

红方送兵，此着非常厉害。如改走兵九进一，则卒7进1，仕六进五，炮3进3，马六进五，马7进5，炮五进四，卒3进1，双方局面平稳。

⑩ …………　卒3进1

黑方只能用卒吃兵，如改走炮3进2，则马六进四，炮3进3，马三退

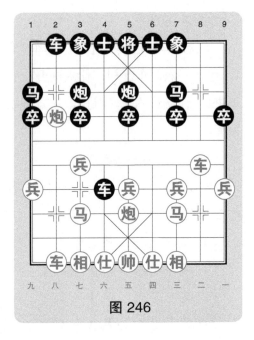

图246

一，炮5进4，仕四进五，车2进2，车二平五，炮3退1，马一进三，黑方逃中炮则红方左炮打卒叫将吃车。

⑪ 炮八平三　象7进9　　　⑫ 车八进九　马1退2

对攻中红方占优。

四、巡河车对挺3卒

① 兵七进一　炮2平3　　　② 炮二平五　炮8平5

③ 马二进三　马2进1　　　④ 车一平二　车1平2

⑤ 马八进七　卒3进1

黑方趁右车牵制红方炮的机会，挺卒攻击红方马。

⑥ 车二进四　马8进7

黑方如急于冲卒并不占便宜，即改走卒3进1，则车二平七，炮3进5，车七退二，马8进7，炮五退一，红方有炮五平八打车及平七打象等攻击手段。

⑦ 车九平八

红方出车保护炮是正确的，如改走马三退五，则车9进1，兵七进一，车2进6，车九平八，车9平6，马七进六，车2退1，红方受到牵制不容易走棋。

⑦ ………… 车9平8

如图247，黑方出车计划兑子，企图保持3路卒底炮对红方马的威胁。

⑧ 车二进五

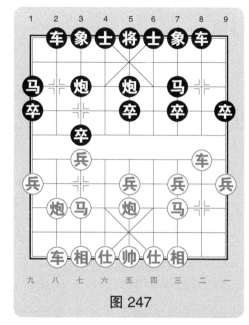

图247

红方兑车是明智的，如避兑而改走车二平四，则车2进6，马七进六，卒3进1，马六进五，马7进5，炮五进四，士6进5，车四平七，炮3退1，红方车炮被牵制，不易走棋。

⑧ ………… 马7退8　　⑨马七进六　车2进5

黑方如急于走卒3进1，则马六进五，炮3退1，炮八进五，双方互缠。

⑩炮五进四　士4进5　　⑪相七进五　卒3进1

黑方如改走炮3平2，则马六退七，车2退2，炮八进五，车2平5，兵七进一，黑方弄巧成拙。

⑫炮五退二

双方互缠，黑方接着走车2退2，则炮五平七，炮3平2，马六退七，炮2进5，炮七平八，黑方不能逃炮，否则红方有炮八平三叫杀吃车的着法。这样红方吃回一子，双方力量大致相同。

五、直车边马对弃卒

①兵七进一　炮2平3　　②炮八平五

红方摆左中炮是希望跳左马。

② ………… 炮8平5　　③马八进七　马8进7

④马二进一

219

红方跳边马,准备应对黑方出车。

④ ………… 马 2 进 1

⑤ 车九平八

红方先出车占领通道,控制黑方出右直车的路线。

⑤ ………… 车 9 平 8

⑥ 车一平二 卒 3 进 1

黑方送卒准备先弃后取,这是开局阶段常用的战术手段。

⑦ 兵七进一 车 8 进 4

如图248,如果黑方实现反击计划,即走车8平3吃兵,车炮联合捉马,如红方马逃开便丢中兵,导致失去主动权。

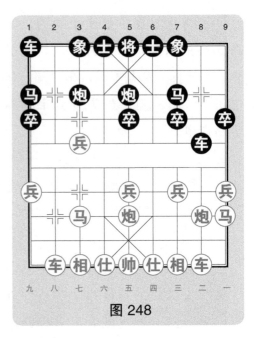

图 248

⑧ 兵七平八

红方平兵正确,如改走车八进五,则卒1进1,车八平九,炮3退1,车九退一,车8平3,马七退九,车1平2,接着有车2进8逼死马及攻杀的走法,黑方会占很大便宜。

⑧ ………… 车 1 平 2　　　　⑨ 兵八进一 车 8 平 3

⑩ 车八进二

黑方车右移呈反攻之势,红方只有尽力固守。

⑩ ………… 卒 1 进 1

黑方准备平车兑车,乘机挥炮吃相。如改走马1退3,则炮二平三,炮3进5,车八平七,车3进3,炮三平七,车2进3,车二进六,双方对攻。

⑪ 相七进九 马 1 进 2　　　　⑫ 炮二平三 车 2 进 3

黑方占优,红方如炮三进四,则卒5进1,炮三进三,士6进5,炮三平一,将5平6,红方左马受攻,中兵难保,黑方占有主动权。

六、右炮过河对横车右肋

① 兵七进一　炮2平3　　② 炮八平五　炮8平5

③ 马二进三

红方如果改跳左马容易受到攻击，跳右马则更有利于防守。

③ …………　马8进7　　④ 车一平二　卒3进1

⑤ 马八进九　卒3进1

黑方借炮的威力冲卒过河，但双车出动较晚，有利有弊。

⑥ 车九平八　车9进1

如图249，黑方走直车怕被红方伸炮封住，所以起横车，同时防止红方车八进八压马。

⑦ 仕六进五

红方补仕巩固后防，如急于走炮二进四，则炮3退1，车二进四，马2进3，黑方双马护中卒，守势较强。红方补仕后黑方不敢退炮，因为红方可能进车压马。

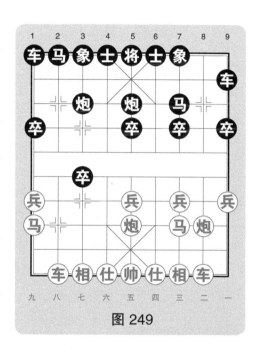

图249

⑦ …………　车9平4　　⑧ 炮二进四

红方双炮抢卒，企图确立当头炮地位，同时又便于升巡河车捉卒，消除隐患。

⑧ …………　马2进1　　⑨ 车二进五

红方车骑河准备平七捉炮卒，如改走车二进四，则卒3平4，炮五平六，卒4平5，兵五进一，车4进5，红方并不占优。

⑨ …………　车1平2

黑方右车无出路，干脆兑掉，但损失一步棋。如改走车4进2，则兵三进一，红方有再冲兵过河的手段。

⑩ 车八进九　马1退2　　⑪ 车二平七　炮5退1

黑方送吃黑卒以缓解局面，如为保卒而改走卒3平4，则炮二平五，士4进5，兵五进一，车4进2，兵五进一，红方占优。

⑫ 车七退一

红方吃黑卒，双方局面平稳。

七、右炮过河对巡河炮

① 兵七进一　炮2平3　　② 炮八平五　炮8平5

③ 马二进三　马8进7　　④ 车一平二

红方及时出右车，也顾不得黑方冲3卒攻击。如改走马八进九，则车9平8，车一平二，车8进6，黑方反而占优。

④ …………　卒3进1

⑤ 马八进九　卒3进1

⑥ 车九平八　车9进1

黑方走横车便于集结子力于右翼，并支援过河卒。如改走马2进1，则炮二平一，车9进1，车二进四，红方吃过河卒，就无后顾之忧了。

⑦ 仕六进五　炮3进2

如图250，黑方升炮至河口，让出跳马保卒的位置，又有炮3平7打马的手段。

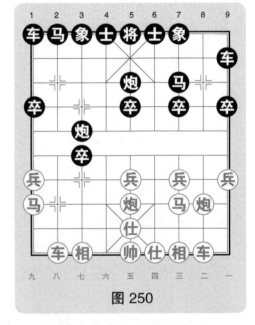

图250

⑧ 炮二进四　车9平4

黑方为了支援过河卒，来不及跳马。如改走马2进3，则车二进四，车9平4，车二平七，车4进3，车八进六，红方有车八平七捉双子的手段。

⑨ 车二进四

此时形势与上局不同，红方如仍走车二进五，则炮3平7，马三退一，马2进3，兵三进一，炮7平5，马一进三，双方大体均势。

⑨ …………　卒3平4　　⑩ 炮五平六　卒4平5

⑪兵五进一　马2进3

黑方送吃一卒，换取时间跳马，并使红方阵形不够工整。

⑫相七进五　车1平2

黑方主动邀兑车，虽损失步数，但右翼较为舒展，唯一的缺点是左马无子保护易受攻击。红方可接着走车二平三，双方各有千秋。

八、右炮过河对左车牵制

①兵七进一　炮2平3　　②炮八平五　炮8平5

③马二进三　马8进7　　④车一平二　卒3进1

⑤马八进九　卒3进1　　⑥车九平八　马2进1

黑方及时跳马，防止红方车八进八压马。

⑦炮二进四

右炮过河是流行着法，但之后会受到黑方车的牵制，此着也可改走炮二平一，再升车捉卒。

⑦ ············　卒7进1

如图251，红方几个大子出动活跃，黑方虽晚出车但有卒过河，双方各有得失。

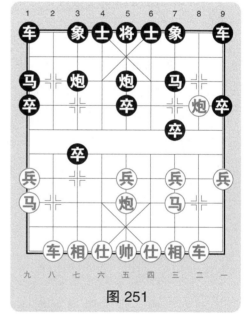

图251

⑧车二进四

红方急于吃黑卒，如为了避免黑方车牵制，先走炮二平三，则炮3进1，炮三平七，马1进3，车二进六，马3进4，车二平三，车9进2，黑方可以抗衡。

⑧ ············　车9平8　　⑨车二平七

红方只能兑炮，如改走炮二平九，则车8进5，炮九进三，卒7进1，兵三进一，车8平7，红方马会受到攻击。

⑨ ············　车8进3　　⑩车七进三　车8进3

223

兑炮后，红方双车集结左翼，黑方车准备吃兵压马，双方形成对攻形势。

⑪ 车八进八

红方也可走炮五平七，则马7进6，车八进四，车8平7，相七进五，双方均势。

⑪ ………… 士4进5

黑方补士拦车，如急于走车8平7，则车八平三，马7进6，炮五进四，士4进5，相三进五，红方接下来有炮五平三打车叫杀的着法。

⑫ 马九进七 炮5平6

黑方防止红方马七进八捉马，卸中炮可联象固防，至此双方局面平稳。

九、五六炮对拐脚马

① 兵七进一 炮2平3　　　　② 炮二平五 象3进5

黑方不保中卒而飞象，在担子炮的掩护下，准备走横车对攻。红方如接着走炮五进四，则士6进5，相七进五，马2进4，炮五退一，车1平2，马八进六，红方吃中卒后不占优。

③ 马二进三 车9进1

黑方另一种着法是卒3进1，则车一平二，卒3进1，马八进九，黑方虽渡小卒，但出车较晚。

④ 车一平二 车9平2

⑤ 马八进七 马2进4

⑥ 炮八平九 马8进9

红方平炮，黑方跳马，都是为了削弱对方的牵制。

⑦ 马七进六 士4进5

⑧ 炮九平六

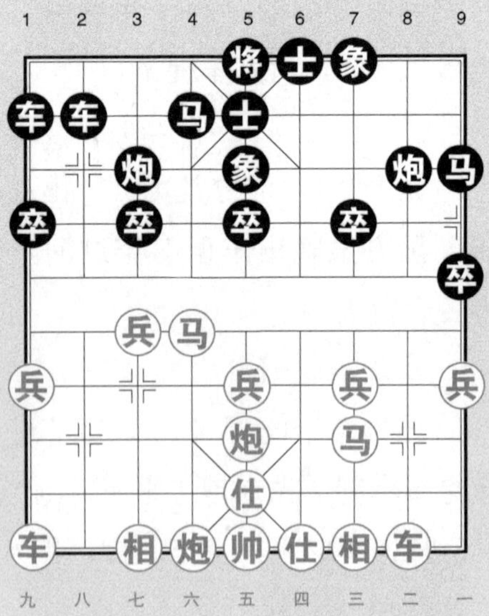

红方走边炮右移仕角，形成五六

图 252

炮布局，虽然损失步数，但可牵制黑方拐脚马而得到补偿。而且还在酝酿一个攻击黑方马的计划，即补仕沉底炮，再卸炮仕角打击黑方马。

⑧ ············· 卒 9 进 1

黑方进卒让出边马通路，防止红方车二进五骑河，再平六攻击马。

⑨ 仕六进五 车 1 进 1   ⑩ 炮六退二

如图252，红方退底炮，准备再卸中炮，把打击重点集中在黑方拐脚马，这是红方布局的特点。如黑方接着走车2进3，则车二进六，车1平2，炮五平六，卒3进1，相七进五，卒3进1，相五进七，炮3平4，相七退五，前车退1，车九平七，红方子力结构非常合理。

⑩ ············· 车 2 进 4   ⑪ 车二进四 炮 8 平 6

黑方平炮避开红方车的牵制，便于发挥右炮的作用。如改走车2平3，则车九平八，红方左车亮出占有主动。

⑫ 炮五平六 炮 3 进 3   ⑬ 马六进四 马 4 进 2

双方进入互缠的局势。

十、五九炮对右象横车

① 兵七进一 炮 2 平 3   ② 炮二平五 象 3 进 5

黑方也可改走马8进7，则马二进三，卒3进1，车一平二，卒3进1，马八进九，车9平8，车二进四，炮3退1，黑方可以抗衡。

③ 马二进三 车 9 进 1

黑方也可改走卒3进1，则车一平二，卒3进1，马八进九，马2进4，车二进四，马4进3，炮五进四，士4进5，双方对攻。

④ 车一平二 车 9 平 2

黑方平车迫使红方跳正马，以发挥卒底炮的作用，并抢占2路线，控制红方左车的出路。

⑤ 马八进七 马 2 进 4

如图253，黑方由于左炮马被红方车牵制，暂时不宜挺3卒攻马，而此着如改走车2进5，则车九平八，车2平3，马三退五，马8进9，炮八退一，车3平2，马七进六，红方优势扩大。

⑥ 炮八平九

225

红方如改走车九平八，则卒3进1，红方反而因不能吃卒而陷入被动。

⑥………… 马8进9

⑦马七进六　车2进6

⑧仕四进五

红方如改走马三退五，则车2平4，马五进七，车4退1，黑方有挺3卒攻击红方马的手段。

⑧………… 车2退2

黑方如改走卒9进1，则炮五平六，车1进1，相三进五，车2退3，兵七进一，车2进1，兵七进一，车2平4，兵七进一，炮8平3，车九平八，双方大体均势。

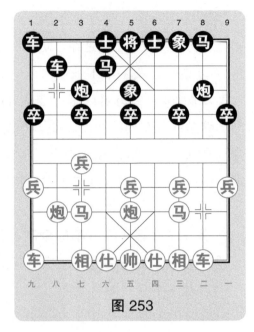

图 253

⑨炮五平六　车2平3　　　　⑩车二进四　车1进1

⑪相三进五　车3平2　　　　⑫兵一进一　卒3进1

黑方有渡3卒的优势，稍好走棋。本局中红方第3回合若走马八进九较稳妥些。

十一、中炮边马对右象横车

①兵七进一　炮2平3　　　　②炮二平五　象3进5

③马八进九　车9进1　　　　④炮五进四

红方打卒叫将，逼黑方支士拦挡自家车路。如改走马二进三，则车9平4，车一平二，士4进5，车九平八，车4进3，双方形成相持局面。

④………… 士4进5　　　　⑤马二进三　马2进4

如图254，黑方跳马捉炮，正确。如改走车9平6，则炮五平一，车1平2，炮八平六，黑方子力活跃，但红方多兵。

⑥炮五退二　车9平6　　　　⑦相三进五

红方如改走车一进一，则车6进5，车一平六，马4进5，车六进五，马8进7，黑方占优。

⑦ ………… 车6进5

黑方也可改走卒3进1，则兵七进一，车6进3，车一平二，车6平3。

⑧ 炮八进一 车6进1

⑨ 车一平三 车1平2

⑩ 车九平八 炮8进4

黑方选择进炮是对攻的走法，也可改走卒3进1，则兵七进一，车6退3吃兵，黑方势力稳固。

⑪ 仕四进五 炮8平5

⑫ 马九进七 车6退1

图254

以下接着走马三进五，则车6平5，炮八平五，车2进9，车三平四，对攻中红方占优。

十二、中炮边马对左象边车

① 兵七进一 炮2平3 ② 炮二平五 象7进5

③ 马八进九 卒1进1

黑方也可走马2进1，则车九平八，车1进1，马二进三，车1平6，形成横车布局与红方对抗。

④ 车九平八 卒1进1 ⑤ 兵九进一 车1进5

⑥ 炮五进四

红方如改走炮八进六，则炮3平2，准备退车捉炮，红方若想逃炮则需跳边马。

⑥ ………… 士6进5

如图255，红方炮打卒叫将准备飞相保护兵。至此如接着走炮八平五，则马2进1，马二进三，车1平3，黑方势力稳固。

227

⑦ 相三进五　马2进1

⑧ 马二进三　车1退1

⑨ 炮五退二

红方如改走车一平二，则车1平5，炮五平六，卒9进1，炮八平七，马8进9，车二进六，车9平6，红方不占优。

⑨ ………　马8进9

⑩ 仕四进五

红方如改走兵一进一，则卒9进1，兵一进一，马9进8，双方对攻。

⑩ …………　车1平6

黑方如走车9平6，则红方兵一进一牵制马。

⑪ 炮八平六　卒9进1　　⑫ 兵三进一　马9进8

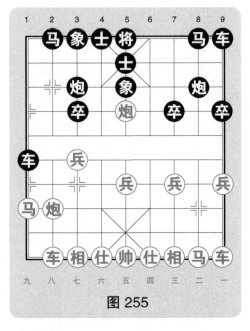

图 255

黑方子力活跃，稍好走棋。本局中红方第9回合可改走兵五进一，以后左车可升至兵林线，车路较为畅通。

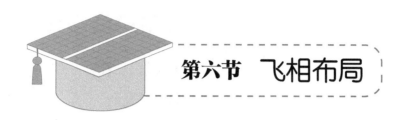

第六节 飞相布局

飞相布局讲究子力协调发展、逐步进取、积小胜为大胜，其战略特点是不轻动干戈，而是把极重要的中线补厚，等对方有漏洞时才发动猛烈的攻击。总的来看，先走飞相固防，从消极中见积极，寓攻于守，以静制动，常在中、残局时比高低。

一、飞相对过宫炮

① 相三进五　　炮8平4

过宫炮也是对付飞相局较为流行的着法。

② 兵七进一　　马8进7　　　　　③ 马八进七

红方如改走马二进一，则马2进1，马八进七，车1进1，车九进一，车1平8，车一平二，车8进3，炮二平三，车9平8，车二进五，车8进4，车九平四，象7进5，马七进六，车8平4，马六进四，卒7进1，马四进三，炮4平7，车四进三，卒1进1，兵一进一，马1进2，仕四进五，士6进5，马一进二，炮2进5，炮三平八，炮7进4，车四退一，卒7进1，马二退一，车4平7，炮八进二，炮7进1，黑方有过河卒占优。

③ …………　　车9平8

④ 马七进六

如图256，黑方有两种走法，现分述如下。

（一）马2进1

④ …………　　马2进1　　　　　⑤ 马六进七　　炮2平3

黑方如改走炮2进4，则马七进八，红方占优。

⑥ 马七退八　　车8进4　　　　　⑦ 车一进一　　卒1进1

⑧车一平六　士6进5

⑨车六进五　象7进5

黑方如改走马1进2，则兵七进一，车8平3，车六平八，炮4进2，炮二进三，红方多子占优。

⑩马二进四

红方占优。

（二）车8进4

④…………　车8进4

⑤马六进七　马2进3

黑方如改走马2进1，则车一进一，炮2进1，马七进八，马1退3，车一平六，炮2平4，车六平四，车1进2，马八退七，车1平2，黑方布局稳固。

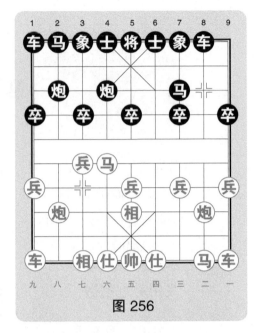

图 256

⑥炮八平七　炮4平6　　　⑦车九平八　车1平2

⑧马二进四　象3进5　　　⑨车一平二　炮2进6

⑩炮二平三　车8平5

黑方如改走车8平6，则马四进六，炮2平5，车八进九，炮5退2，仕四进五，马3退2，车二进八，马2进1，车二平三，车6平8，帅五平四，马1进3，炮七进四，车8退2，炮七平三，士6进5，双方各有顾忌。

⑪马四退二　炮2平5

黑方可以抗衡。

二、飞相对左中炮

①相三进五　炮8平5

黑方走中炮是一种强硬的对抗手段。

②马二进三　马8进7

在古棋谱中，这一回合红方多走马二进四。以下是马8进7，马四进六（如走马八进九，则卒5进1），车9平8，炮二平三，炮5进4，仕四进

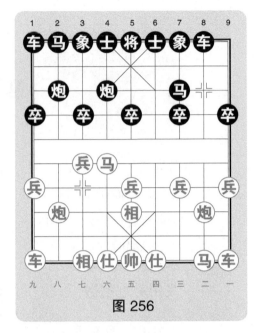

五，炮5平4，车一平四，炮2进2，车四进三，炮2平1，炮八平九（如走马八进九，则炮4平1打双车），炮1平5，黑方占优。

③ 马八进七　马2进1

黑方另外的选择是车9平8，则车一平二，车8进6，兵三进一，双方各有攻守。

④ 兵三进一　车9平8　　　　　⑤ 车一平二

红方另有炮二进二的选择，以后可退左炮对黑方施加压力。出车保护炮，形成屏风马进三兵对左中炮边马阵形，贯彻稳扎稳打的战术。

⑤ …………　炮2平4

黑方平士角炮有串打的手段，对红方子力有牵制作用。

⑥ 车九平八　车1平2　　　　　⑦ 仕四进五

红方补右仕，此着法含蓄，意在静观其变。如走炮二进四封车，则车2进6，这样发展下去，双方大体均势。

⑦ …………　车2进4

黑方升车巡河，此着法攻守兼备，棋手们较乐于采用。如走车2进6，则炮二进一，黑方不占便宜。

⑧ 炮八平九　车2平4

黑方平车避兑可保持复杂变化。如走车2进5兑车，则局面趋于简化。如走车2平6，平车占6路肋道，局势可向双方互缠方向发展。

如图257，红方有两种选择，现分述如下。

（一）炮二进一

⑨ 炮二进一

红方提右炮避免黑方车8进6入侵，是稳妥的着法。

⑨ …………　卒1进1

⑩ 车八进四

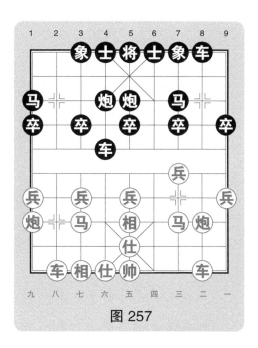

图257

231

红方升车巡河，有利于攻守。如走炮二平三，则车8进9，马三退二，车4平8，马二进三，炮4进1，可形成互缠局势。

⑩ ………… 炮 4 平 3

黑方如改走士6进5，则车八平四，如此发展下去，可形成大体均势的局面。

⑪ 车八平四　炮 5 平 4　　　　⑫ 兵七进一　象 7 进 5

⑬ 炮二平三　车 8 进 9　　　　⑭ 马三退二　炮 4 进 1

⑮ 马二进三　士 6 进 5

形成双方对峙的局面。

（二）车八进四

⑨ 车八进四

红方直接出左车巡河，准备左车右移，加强侧翼的攻势。

⑨ ………… 车 8 进 6

⑩ 兵九进一

红方挺兵控制马，使黑方双马受制，以图占据主动。如走炮二平一，则车8平7，车二进二，车7平9，红方不占便宜。

⑩ ………… 车 8 平 7　　　　⑪ 马三退四　车 4 平 8

⑫ 车二平三　车 7 进 3

黑方用兑子的办法削弱红方的攻势是正确的。如改走车7平6或车7平9，红方均走炮二平三，如此发展下去，红方占优势。

⑬ 相五退三　炮 4 平 3

黑方平炮威胁红方七路兵，并为中炮让出位置，以便调整阵形，这是稳妥的走法。

⑭ 炮二平三　炮 5 平 4　　　　⑮ 相七进五　象 7 进 5

至此，红方稍占优。

三、飞相对士角炮

① 相三进五　炮 2 平 4　　　　② 兵三进一

估计黑方左马跳正马的可能性较大，红方先挺兵控制对方马路，是有预见性的走法。

②　………………　马 2 进 3　　③ 马八进九

红方估计黑方会急出右车巡河，再挺7卒兑兵解决左马的出路，所以红方调动左翼子力应对。如黑方接走车1平2，则车九平八，车2进4，炮八平七邀兑车。

③　………………　车 1 平 2　　④ 车九平八　　象 7 进 5

⑤ 马二进三　卒 3 进 1

黑方挺卒盘活了马，但也阻塞了升巡河车左移的通路。此着如改走炮4进5，则炮八平七，车2进9，马九退八，炮4平7，炮七平三，黑方不占便宜。

⑥ 仕四进五　马 8 进 7　　⑦ 炮八进四

如图258，红方左炮封车，右车又随时可平移控制肋线。如黑方接走炮8平9，则车一平二，车9平8，炮二进四，黑方子力已难以展开。

⑦　………………　卒 7 进 1

黑方挺卒兑兵盘活马，正确，如改走马3进4，则炮八退一，马4退3，炮八进一，马3进4，炮八进一，炮8进4，车一平四，马4进3，马九进七，炮8平3，马三进二，黑方多一卒，红方子力活跃。

⑧ 兵三进一　象 5 进 7

⑨ 马三进四

红方也可走炮八平七，则象7退5，车八进九，马3退2，兵九进一，红方略占优。

⑨　………………　象 3 进 5

⑩ 炮二平四　车 9 平 8

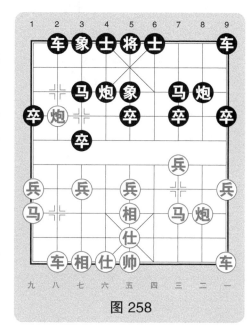

图 258

⑪ 车一平二　炮 8 进 5

黑方有炮打相叫将的手段，取得了主动权。

⑫炮四退一　车2进1

双方形成对峙局面。

四、飞相局对右中炮

①相三进五　炮2平5　　　　②马八进七　马2进3

③车九平八

如图259所示，黑方有两种走法。

（一）卒3进1

③…………　卒3进1

④马二进三　卒7进1

⑤仕四进五　马8进7

⑥车一平四　炮8平9

⑦炮二进二　车1平2

⑧车四进四　车9平8

⑨兵七进一　马3进4

⑩车四平六　卒3进1

⑪炮二平七　车2进4

⑫炮八平九　车2平3

⑬马七进八　马7进6

⑭马八进九　马6进4

⑮马九退七

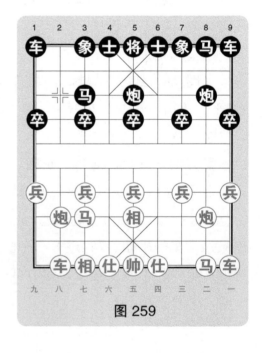

图 259

红方占有主动，容易走棋。

（二）马8进7

③…………　马8进7　　　　④马二进三　卒7进1

⑤兵七进一　马7进6　　　　⑥炮八进三　马6进7

⑦炮二进四　炮8平7　　　　⑧炮二平三　车1进1

⑨车一平二　车1平6　　　　⑩仕六进五　车6进2

⑪ 炮三退三　炮7进4　　　⑫ 马七进六　车9进1

⑬ 炮八进一　车9平4　　　⑭ 车二进四　车4进3

　　双方对攻，大体均势。以右中炮对付飞相局，目的在于通过中路攻击来牵制对方从而争取主动，但出子顺序和攻防战略有较大差异。红方七兵的挺起体现了屏风马的稳中多变，在对峙中有许多进攻的机会。

五、飞相对右士角炮

① 相三进五　炮2平4　　　② 车九进一　马2进3

③ 车九平六　马8进7　　　④ 马八进九　车1平2

⑤ 兵九进一　车2进4　　　⑥ 车六进三　车2平6

⑦ 马九进八　卒3进1　　　⑧ 炮二退一

　　如图260所示，以下黑方有两种选择：

（一）士4进5

⑧ …………　士4进5

⑨ 炮二平九　炮8进2

⑩ 车六进二　炮8平9

⑪ 马二进一　车9平8

⑫ 车六平七　车6进1

⑬ 马八进九　马3进1

⑭ 车七进三　炮4退2

⑮ 炮九进五　车6平2

⑯ 炮八平六　车8进6

⑰ 兵一进一　车2平9

⑱ 炮九进三　车9平1

⑲ 车一平三　卒5进1

⑳ 车三进一　车8平9

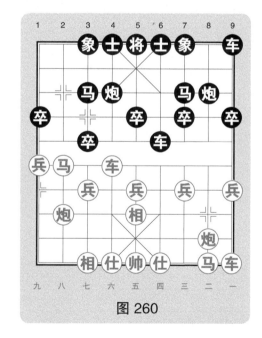

图 260

㉑ 车三平六　象7进5

㉒ 车七平八　马7进5　　　㉓ 炮六平八　车1退5

㉔ 车八平九　炮9进3　　　㉕ 车六平一　红方占优

（二）士6进5

⑧ ……………	士6进5	⑨ 炮二平七	象7进5
⑩ 马二进三	卒7进1	⑪ 车一平二	车9平8
⑫ 炮八平七	炮8进1	⑬ 兵七进一	卒3进1
⑭ 车六平七	马3退1	⑮ 仕四进五	卒1进1
⑯ 马八进七	炮8平3	⑰ 车二进九	马7退8
⑱ 车七进二	卒1进1	⑲ 车七进二	车6平1
⑳ 车七平八	卒1进1	㉑ 相五进七	将5平6
㉒ 前炮进七	象5退3	㉓ 炮七进八	将6进1
㉔ 炮七平二			

红方大占优势。

右士角炮对付飞相局，目的是寓攻于守，伺机反击。红方抢出横车与左马屯边对黑方士角炮也有所牵制，是比较稳妥的布局。